G. Jankowiak

Kommentare
zum ukrainischen Krieg

Erstes Kriegsjahr, erste Hälfte

G. Jankowiak

Kommentare
zum ukrainischen Krieg

Erstes Kriegsjahr, erste Hälfte

Impressum

Bibliografische Information der Deutschen Nationalbibliothek: Die
Deutsche Nationalbibliothek verzeichnet diese Publikation in der
Deutschen Nationalbibliografie; detaillierte bibliografische Daten sind im
Internet über http://dnb.dnb.de abrufbar.

Verlag: BoD · Books on Demand GmbH, In de Tarpen 42, 22848
Norderstedt

Druck: Libri Plureos GmbH, Friedensallee 273, 22763 Hamburg

ISBN: 978-3-7597-9413-0

Inhaltsverzeichnis

Einleitung

commentarii bedeuteten ursprünglich im Lateinischen so etwas wie persönliche Aufzeichnungen oder Notizen. Schon bei Caesar erweiterte sich die Bedeutung zu Mitteilungen oder zu Berichte.

Meine „commentarii" aus dem ersten Jahr des Ukraine-Krieges sind beides: persönliche Aufzeichnungen und Mitteilungen – an diverse Politiker, meist aber an einen begrenzten Kreis von Freunden und Bekannten. Nicht wenige der Texte habe ich auch in meinem Blog „Frieden führen" veröffentlicht.

Durch diese bisherige Verbreitung dürften nur wenige Menschen diese „commentarii" bekommen, geschweige denn gelesen haben. - Hier nun die Veröffentlichung als Papier- und als digitales Buch.

Sie erfolgt in der Hoffnung, dass noch mehr Menschen aufwachen bei der wichtigsten Frage: Krieg oder Frieden.

Zu beiden Komplexen findet man hier Fakten und Gedanken, die als solche nicht oft geäußert wurden. Ich meine hier einiges an Wissen und Fähigkeiten zu haben, da ich mich seit frühester Jugend für Militär- und Kriegsgeschichte interessierte. Vertieft wurde beides während des Studiums, in dem dann noch die Neugier auf Friedensforschung hinzu kam – erweckt und gefördert durch meinen akademischen Lehrer, Prof. Dr. Werner Hahlweg.

Ich habe die Texte meist so gelassen, wie ich sie damals – oft in Eile – schrieb, auch mit dem Risiko, dass das eine oder andere heute als ein zu hartes, verfrühtes Urteil erscheinen kann. Nur die Überschriften habe ich für diese Buchveröffentlichung z.T. konkretisiert.

In der Hoffnung, dass die hier enthaltenen Materialien die Erinnerung an die Ereignisse vom Frühjahr 2022 wachhalten und zur Lösung der Krise beitragen!

Eine **vor-letzte Bemerkung**: Es dürfte auffallen, dass die Sprengung der **Nordstream-Pipeline** hier nicht vorkommt. Ich war damals zurückhaltend, weil es bis auf die Recherchen des US-Enthüllungsjournalisten nichts Belastbares gab. Damals schien mir eine Täterschaft mit ukrainischem Hintergrund einfach zu unwahrscheinlich. Das hat sich jetzt gründlich geändert!

Und die **letzte Bemerkung**: Sie finden hier nichts zur **Friedensinitiative des israelischen Premiers** David Bennett. Der Grund: Ich hatte damals lange versucht eine autorisierte Übersetzung der späteren Aussagen Bennetts in einer Fernsehsendung zu bekommen. Dies schlug fehl — und dann waren schon die nächsten Ereignisse zu kommentieren.

Herne, im August 2024
G. Jankowiak

An den SPD-Generalsekretär

Sehr geehrter Herr Kühnert,

aus Ihrer Zeit als JUSO-Vorsitzender kenne ich Sie als engagierten linken Politiker. Deshalb schreibe ich an Sie in tiefer Sorge um das ungeheure Risiko-"Spiel", das gerade inszeniert wird.

Es scheint mir symptomatisch für diejenigen Kräfte im Westen, die eskalieren wollen (klar, so welche gibt es auch in Russland), dass ich plötzlich überall im Netz Kritik an der Ostpolitik von Willy Brandt und Egon Bahr lese.

Allein schon deswegen sollte die SPD aufpassen, inwieweit sie sich der jetzigen Eskalation beugt.

Zur Zeit der o.g. Ostpolitik war der "Ostblock" im Vergleich zum heutigen Russland ein Riese; die Sowjetarmee stand an der ELBE!!!! Auch gab es viele Krisen, die eine Propaganda vom bösen Feind im Osten leicht konstruierbar machten. Ich erinnere nur an den Bau der Berliner Mauer und die Cuba-Krise.

Und in dieser Atmosphäre entwickelten Ihre Partei-Vorfahren die o.g. Ostpolitik, die ja gerade von der Möglichkeit des Ausgleichs und der Kompromisse mit einem "Feind" ausging: man verwies nicht betonartig immer auf "die in Pankow", sondern ermöglichte sogar der DDR einen Sitz in der UNO. Der Eiserne Vorhang bekam viele Löcher durch die Kontaktmöglichkeiten, auf die man sich geeinigt hatte.

Ich bin sicher: auch heute hätte eine Politik, die - aus der historischen Verantwortung Deutschlands gegenüber dem ganzen Osten - kreative Ideen des Ausgleichs zwischen den im Moment verfeindeten Staaten propagierte, eine große Chance. Und falls solch eine Politik z.B. bei den westlichen „Verbündeten" nicht durchkommt, so könnte eine Partei wie die SPD sich auf die Fahnen schreiben, dass sie vor dem "finis Europae" gewarnt hätte - ja, finis Europae, das Ende Europas, denn denken Sie an Brechts: "Das große Karthago führte drei Kriege ..."

In der Hoffnung, dass Sie vielleicht die Kräfte der Deeskalation in der SPD nach vorn führen,

verbleibe ich in tiefer Sorge um die Zukunft meiner unschuldigen Enkel

G. Jankowiak

8. Februar 2022

Es ist genug!

Wenn Corona eine Reaktion der von Menschen gequälten Natur ist, so habe ich natürlich für meinen Ausruf aus der Überschrift keinen Adressaten.

Falls aber doch ein Wesen uns alle geschaffen hat, so möchte ich es ihm doppelt laut entgegenrufen: Es ist genug!

Denn: Meine beiden Enkel waren jetzt schon oft Opfer des Virus, obwohl selbst noch nicht angesteckt. Sie mussten einfach sehr oft für kurze Zeit oder auch für ein bis zwei Wochen aus dem Kindergarten bzw. der Schule fernbleiben: Quarantäne.

Dabei haben die armen Mäuse doch keine andere Möglichkeit als den Kindergarten und die Schule, um wirkliche Anregungen zu bekommen, um ihre FreundInnen zu treffen.

Jetzt wieder müssen sie vielleicht bis zu zehn Tagen in Isolation bleiben, weil ein erwachsenes Familienmitglied „positiv" ist.

In ihrem Namen, aber bestimmt doch auch im Namen aller anderen Kinder in ähnlicher Lage:

Es ist Genug, Du, Schöpfer!

Wenn Du Corona als Strafe für das Menschengeschlecht geschickt hast, warum muss es auch Kinder treffen? Sie haben doch die kollektive Verrücktheit, durch die sich die die Welt lenkenden Menschen auszeichnen, nicht mit geschaffen; sie sind noch nicht Teil dieser Energie verprassenden, sich immer ungehemmter vermehrenden erwachsenen Wesen.

Warum kannst Du nicht diejenigen bestrafen, die dabei sind, diesen Planeten für die von Dir geschaffenen Menschen endgültig unbewohnbar zu machen? Das hättest Du noch nie in der Geschichte gemacht? Ja, aber die Geschichte könnte sich ja auch zum ersten Mal in der Geschichte ihrem Ende nähern. Deshalb müsstest Du jetzt eingreifen!

Zu welchem Zweck bist du allmächtig? Damit der Rest der Menschheit durch das Fanal Deiner Bestrafung der Bösen anderen Sinnes wird! Und damit dadurch den Kindern wenigstens die Möglichkeit gegeben wird, sich selbst an einer Umkehr für die Welt zu versuchen.

Im Vergleich zu Deiner bisherigen Passivität bei der Bestrafung der Bösen könnte man sich ja fast den Blitze schleudernden Zeus/Jupiter zurückwünschen. Der hätte wenigstens durch sein Markenzeichen, die Blitze, die Möglichkeit gehabt, so ganz selektiv die Bösen zu treffen. Das halte ich für viel besser als diese Pan-demie, also das alle Völker unterschiedslos treffende Virus.

Und Du scheinst ja sogar noch mehr Übel auf die Welt loslassen zu wollen: Klima, Atom, Krieg.

Deswegen: die Hoffnung auf einen von euch da Oben ist wohl vergebens. Deine Passivität habe ich angeklagt. Und der besagte Zeus/Jupiter war ja auch viel zu sehr Lebemann, als dass er die Zeit gehabt hätte, seine Blitze zielgenau im gesagten Sinne einzusetzen.

Sollten die antiken Epikuräer doch Recht bekommen, die meinten, dass die Götter, falls es sie gibt, sich nicht um das Schicksal der Menschen kümmern???

An den französischen Präsidenten

Monsieur le Président

Vous étiez a Moscou, vous avez parlé avec Putin comme Européen - et non pas comme esclave des Etats-Unis.

Je serais heureux si mes represantants/politiciens ici en Allemagne faisait le meme.

Un grand „Merci" et mes felicitations!

Tenez fermement votre direction politique!

G.J.

P.S. Dans la télé ici (1er programme) ils vous ont traduit mal: vous avez parlé de "Russie et le reste de l'Europe" - en télé ils ont traduit "Russie et l'Europe"!!!!

(Herr Präsident! Sie waren in Moskau, Sie sprachen mit Putin als Europäer – und nicht als Sklave der USA. Ich wäre froh, wenn meine Vertreter/Politiker hier in Deutschland dasselbe tun würden. Ein großes „Danke" und meine guten Wünsche. Halten Sie fest an Ihrem politischen Kurs! ...)

Unendliche Eskalationsmöglichkeiten für Kriegstreiber beider Seiten – Zeit zum entschiedenen Gegensteuern

Nachdem gestern (12.2.'22) lt. Medien der US-Geheimdienst schon das Datum des Einmarsches der Russen verkündet hat, möchte ich die allgemeine Nervosität noch verstärken, indem ich aufzeige, welch' wunderbare weiteren Eskalationsmöglichkeiten die Kriegstreiber aller Seiten so in dem Riesenraum von Riga bis Sewastopol hätten.

Für alle, die mich kennen: Ich meine natürlich genau das Gegenteil – ich will darauf aufmerksam machen, welche Konfliktpotentiale seit Jahren unbearbeitet geblieben sind – und: was alles gemacht werden müsste, wenn wir diese Krise als Europäer (im Sinne des richtig übersetzten Macron: „Russland und der Rest Europas") hoffentlich überstanden haben werden. Leider sind die Aussichten hierfür nicht gut.

Auf beiden Seiten des Konfliktes wird es viele geben, die a) einen Krieg sowieso für unvermeidbar halten, b) die eigene Karriere befördern wollen, was im Krieg umso einfacher ist, da dann Plätze frei werden, c) meinen, dass sie selbst immer älter werden, und dass die nach ihnen Kommenden solche Krisen sowieso nicht mehr handeln könnten d) usw. usw.

Ihnen bieten sich von der Seefront an der Krim über die Landfront bei Donezk und Luhansk bis zu der schon aufgeheizten Lage an der polnisch-weißrussischen Grenze ganz viele Möglichkeiten. Ich will hier nicht spekulieren, sondern nur **Beispiele aus der eigenen deutschen Geschichte** anführen:

1939 - Sender von Gleiwitz/Gliwice: Als Soldaten der anderen Seite verkleidete eigene Leute verüben einen Anschlag auf dem eigenen Territorium: der Anschlag wird natürlich dem Gegner zugeschrieben und – natürlich – muss nach einer solchen Provokation „zurückgeschossen" werden.

Ich meine, die neue russische Brücke zur Krim (ein Riesending und dadurch verletzlich) bietet sich für Kommandounternehmen geradezu an – und (jetzt die andere Seite) keine Sorge: junge russische U-Boot-Kommandanten üben auch gern die „Jagd" unter skandinavisch-baltischen Küsten ...

1914: - Die deutsche Kriegserklärung an Frankreich legitimiert der dt. Reichskanzler vor dem Reichstag auch mit falschen Nachrichten über französische „bombenwerfende Flieger" auf Süddeutschland. (Verhandlungen des Reichstages vom 4.8.1914, Protokollband von 1916, S. 6.. Der Wortlaut dort ist ein Lehrstück über Wort- und Sachverdrehungen)

- Der österreichische-ungarische Kaiser Franz-Joseph unterzeichnet die Kriegserklärung an Serbien nur unter dem Eindruck von Nachrichten, die für das damalige

Ehrgefühl des alten Monarchen ein letzter Anstoß waren: Sein Außenminister Berchtold informiert ihn über serbische Angriffe auf österreichische Truppen, die faktisch nicht stattgefunden hatten (so der Historiker David Fromkin in: „Europas letzter Sommer", S. 273).

- Wilhelms II. Anweisung/Befehl an seinen Außenminister vom 28.7.1914, die Österreicher zum Einlenken gegenüber Serbien zu bewegen, wird von seinem Kanzler Bethmann-Hollweg nur unvollständig an den dt. Botschafter in Wien weitergegeben; den wichtigsten Punkt, nämlich der, Österreich solle die Kriegsvorbereitungen abbrechen und Wilhelm sei zu einer Vermittlung bereit, den übermittelt der Außenminister gar nicht.(Fromkin, „Europas letzter Sommer", S. 272)

Die meisten **Eskalationsmöglichkeiten heute** für beide Seiten bieten sich meiner Meinung nach allerdings im Baltikum an. Denn:

Die drei baltischen Staaten haben auf ihrem Territorium bedeutende russische Minderheiten. Im westlichen Litauen sind das noch relativ wenige (5,8% Russen; 1,2 % Weißrussen), im östlicheren Lettland aber schon ein Viertel der Bevölkerung (24,5% Russen; 3,1 % Weißrussen). Und im östlichsten Estland – Entfernung nach St. Petersburg grob 100 km!!!! - sogar 29,6 % Russen und 0,6 % Weißrussen. (Alle Daten aus CIA-Factbook; ich hab' noch auf der litauischen Regierungs-Homepage nachgesehen, finde dort aber auf die Schnelle nichts)

Soviel ich aus früheren Medienberichten weiß (und das CIA-Buch bestätigt dies mit Sonderbemerkungen), ist das Verhältnis der dortigen Staatsvölker zu den russischen Minderheiten nicht gut. Wir sollten das aus der eigenen Geschichte gut kennen, deswegen hier nur zwei Ursachen für Spannungen:

- Natürlich sind die Staatsvölker in Litauen, Lettland und Estland angesichts ihrer Erfahrungen sehr bedacht auf nationale Souveränität. Und diese scheint ihnen besonders durch die Minderheiten bedroht, Minderheiten, die ja bis zu fast einem Drittel der Bevölkerung ausmachen. Sie werden diese oft wohl als „5. Kolonne Moskaus" betrachten.

- Moskau beschwert sich, auch lt. CIA-Buch, oft über Diskriminierungen der „eigenen" Minderheiten in diesen Staaten. Hier haben wir also den klassischen Fall, dass ein „Mutterland" die eigenen in der Diaspora lebenden „Brüder" schon allein deswegen schützen muss, um nicht den Eindruck zu erwecken, die eigenen Leute nicht schützen zu können und also selbst schwach zu sein.

Ich bin mir unsicher, ob ich hier noch mehr ausmalen muss, um zu zeigen, dass sich hier für Eskalationsstrategen ein endloses Feld der Möglichkeiten bietet... Vielleicht ist es besser, man machte sich einmal Gedanken, diese Krisenherde zu entschärfen --- **nach der Entschärfung der jetzt kochenden Krise.**

Ich habe hier allein im Büro natürlich nicht die Informationen, die Ministerien mit den Heerscharen von Mitarbeitern haben. Deswegen ein paar Ideen, quasi laienhaft:

- Die Mehrzahl der Beteiligten verpflichtet sich (erst einmal) ein Jahr lang die Rüstungsausgaben einzufrieren (Moratorium). Mit dem eingesparten Geld werden für die russischen Minderheiten in ihrer eigentlichen Heimat (also Russland) die Möglichkeiten zur Umsiedlung geschaffen. Russland selbst hat ja leicht rückläufige Geburtenraten, dürfte also über „Neubürger" nicht unzufrieden sein – die baltischen Staaten wären ihre (gefährlichen) Minderheiten los. Ein Konflikt weniger!

- Die Ukraine hat ja bis auf die Kohle in den abtrünnigen Donezker und Luhansker Territorien kaum Energiequellen alter Art – ich meine in einem Medienbeitrag sogar erfahren zu haben, dass das russische Gas in den Pipelines nach Westeuropa von hierzurückgeleitet wird zur Ukraine.

Wie wäre es, wenn die Ukraine die Krim für 99 Jahre (Erbpacht, sozusagen) oder für 49 Jahre oder 29 Jahre an Russland verpachtet gegen die Zusage günstigen Erdgases?

- Auch für die Territorien von Donezk und Luhansk gibt's im reichen Schatz der europäischen Diplomatiegeschichte ganz viele Beispiel für Regelungen auf Zeit.

Ziel aller Maßnahmen hier sollte sein:

Einen Krieg in Europa und damit dessen Zerstörung zu verhindern, quasi noch einen negativen (= vorläufigen) Frieden zu schaffen. Zukünftige Generationen mit Abstand zu den jetzigen Aufregungen werden sicher dann langfristig tragende Lösungen schaffen (sog. positiver Frieden).

19. Februar 2022

Jean Jaurès und die Suche nach unkonventionellen Friedenslösungen

Ich möchte mit Jean Jaures über den Rand der Krise hinausschauen. **Jean Jaurès** war vor dem 1. Weltkrieg einer der Präsidenten der SFIO (Sèction francaise de L'internationale Ouvrière – Französische Sektion der Arbeiterinternationalen) und in der Friedensfrage sehr engagiert. International war er damals ungefähr so bekannt wie **August Bebel**, der ja von 1869-1913 (!!!!!!!!) Vorsitzender der damals noch weitgehend revolutionären SPD war. **Jaurès** selbst wurde wegen seines Einsatzes für Frieden von einem **französischen**

Nationalisten am letzten Tag des Juli **1914** in einem Café erschossen – also am Tag vor Kriegsbeginn.

In Frankreich ist **Jaurès** heute noch präsent; präsenter, so scheint mir, als sein deutscher Vergleichspartner **August Bebel.** Ich selbst habe in Dole (Burgund) an prominenter Stelle direkt zwischen Hafen und Sportkomplex eine Denkmal für ihn mehrfach besucht, welches immer gut instand gehalten und mit Blumen geschmückt war.

Das Hauptproblem für **Jaurès (und Bebel)** all die Jahre vor 1914 war der Status von Elsass-Lothringen. Ich erinnere daran, dass die beiden Provinzen, die sich zu Frankreich gehörig fühlten, 1871 nach dem preußisch-deutschen Sieg über Frankreich **durch die dt. Führung geraubt** und als „Reichslande" minderen Rechts dem neu gegründeten Reich einverleibt wurden.

Dies war der Hauptgrund des „Revanche"-Gedankens auf Seiten Frankreichs. Dort war ein sichtbares und fühlbares Symbol dieses Rache-Gedankens neben einer riesigen Propagandamaschine das bewusste Freilassen der Sitze von Elsass-Lothringens Abgeordneten in der Nationalversammlung. Auch außenpolitisch führte dieser Rachegedanke später zum völlig unnatürlichen Bündnis zwischen Frankreich und Russland: Russland als die reaktionärste (und am meisten antisemitische) Monarchie Europas - Frankreich Erbe einer Revolution, in der der Monarch und seine Frau unter der Guillotine geköpft worden waren. Der Raub von Elsass-Lothringen war für alle **Nationalisten in Frankreich** das Hauptargument sich einer Verständigung mit Deutschland entgegenzustellen und – vor allem – ihr eigenes Land mit der Vorbereitung des Revanchekrieges zu militarisieren. Hierdurch wiederum konnten sie ihre Position festigen. Eine Variante des Sozialimperialismus!

Für die Sozialisten war genau dies das Problem: immer konnte man sie der „vaterlandslosen" Gesinnung verdächtigen, um ihr Wachstum zu stoppen und die **nationale gegen die soziale** Frage auszuspielen. Jaurès und Bebel versuchten beide gegenzusteuern ...

Jaurès Idee

Grundlage der Idee war der Gedanke, dass **der Streit um Provinzen nicht dazu führen dürfe, dass sich zwei Völker bis zur Vernichtung gegenseitig an die Gurgel gehen.** Wem das jetzt zu wenig konkret ist:

Der Verlauf des 1. Weltkrieges bestätigt genau dieses gegenseitige Vernichten und die Inkaufnahme von Millionen Toten. Die Zeit nach dem Krieg war erfüllt von den Bestimmungen des Vertrages von Versailles (u.a. ging Elsass-Lothringen an Frankreich zurück). Dieser Vertrag gab nun den deutschen Nationalisten und Faschisten das Argument in die Hand, um gegen Demokratie, Völkerverständigung zu hetzen und – gerade einmal knapp 15 Jahre nach Versailles – die Aufrüstung Deutschlands unter Hitler massiv voranzutreiben. Mit diesem militarisierten Deutschland gelang dann 1940 der überraschend schnelle Sieg über

Frankreich. Übrigens: 1940 wurde Elsass-Lothringen dann wieder von Nazi-Deutschland geklaut.

Wer sich DIESE Folgen eines Fehlers von 1871 vor Augen führt, dem ist es jetzt vielleicht nicht mehr zu unkonkret über Alternativen zu Kriegen nachzudenken.

Jaurès meinte, Frankreich solle nicht den Weg der Gewalt (mit der inneren Militarisierung) gehen, um das **an sich legitime Ziel** der Befreiung Elsass-Lothringens zu erreichen. Er präsentierte eine Idee, die in verwandelter Gestalt erst nach 1945 in Ansätzen verstanden und z.B. mit der Montanunion z.T. verwirklicht wurde.

Die Idee ist: Wenn es um ein solches Streitobjekt geht, bei dem **niemand nachgeben** will und lieber **ganze Jahrgänge auf den Schlachtfeldern geopfert** werden, so solle das Streitobjekt, also hier zwei Provinzen, internationalisiert werden

Ja, man kann sich vorstellen, wie damals – und heute – die Nationalisten beider Seiten mit ihren jeweiligen Argumenten Zeter und Mordio schrien: ‚Aufgabe urdeutschen Bodens', ‚dafür haben unsere Soldaten 1871 geblutet' vs. ‚Legitimation des Raubs' ‚Aufweichung des Völkerrechts' usw. usw.

Nun, eine solche Internationalisierung hängt natürlich stark von den jeweiligen Lösungen im Detail ab und von den Garantiemächten für eine solche Regelung – mir scheint, eine sehr weitgehende Demokratisierung und Selbstbestimmung der Bewohner der betroffenen

Provinzen könnte viel Streit um Verwaltungsprobleme vermeiden und den zwei „Besitzern" der Provinzen erlauben beidseitig auf Souveränität zu verzichten .

Und bei Jaurès war diese Internationalisierung Elsass-Lothringens ein Element im Gesamtkonzept der „Vereinigten Staaten Europas".

Jaurès letzte Position zur Lösung dieser Frage war:

„Auf welche Art auch immer das Problem von Elsass-Lothringen gelöst werden mag im Laufe von Generationen:

(etwa) indem Elsass-Lothringen, auf dem Wege einer Rückkehr, die frei und im Konsens erfolgt, eben diese Rückkehr zu Frankreich bewerkstelligt oder dass es im politischen Rahmen der deutschen Organisation eine sehr weitgehende Autonomie bekommt, die es ihm erlaubt alle traditionellen Kräfte seiner Kultur, alle Energien seines eigenen Geistes und alle Sympathien seines Bewusstseins zu entwickeln und zu harmonisieren;

Oder dass es am rechtlichen und nationalen Leben zweier großer Völker teilnimmt, wie die Bürger der latinischen Bundes, die in mehreren Städten, in mehreren Staaten des Bundes das Bürgerrecht hatten (was von Mommsen so meisterhaft beschrieben wurde);

Oder weiter: dass es eines Tages seine klar erkennbare Vertretung, seine gesetzgeberische Autonomie in diesem großartigen europäischen Parlament hat, dessen

Idee von unserem genialen Saint-Simon vor fast einem Jahrhundert skizziert wurde;

Oder was auch immer letztendlich die unbekannte Formel sein mag, die alle nationalen Rechte und alle historischen Kräfte im großen Frieden der Welt, in der großen Freundschaft der Völker anerkennen und harmonisieren wird ------------ es ist nur durch den Frieden, und durch den vorher zustande gekommenen Frieden, dass eine Lösung vorbereitet werden kann.(...)

Die Schwierigkeiten, die Frankreich von Deutschland trennen, können nur dann eines Tages eine gerechte und tief(greifende) Lösung erfahren, wenn Frankreich und Deutschland sich jetzt schon annähern zur Erreichung eines höheren zivilisatorischen Ziels, so, als ob diese Schwierigkeiten (schon) geregelt wären. Weit entfernt davon, dass das eine Abkehr von (nationalen) Erinnerungen und eine Zurückweisung des (Völker)Rechts wäre – es ist ein Akt des Glaubens an die Kraft des Rechts." (Übersetzung von mir, G.J Das französische Original *findet man im Buch von Jean- Pierre Rioux: Jean Jaurès. Edition Perrin 2008 (ohne Ort), S. 260.)*

Es handelt sich bei diesen sehr differenzierten Ideen also nicht um unpraktische Spinnereien von Ökopaxen, sondern um ordentlich durchdachte Möglichkeiten. Schwierigkeiten werden nicht geleugnet, werden aber als ein geringeres Übel angesehen als der ach so einfache, altgewohnte Weg des gegenseitigen **Dreinschlagens**.

Das Resultat des **Dreinschlagens** ist ja:

Europa war schon nach dem Ersten Weltkrieg kaum noch wiederzuerkennen; nach dem Zweiten lag es noch stärker in Trümmern; nach dem Dritten würde nichts von ihm übrigbleiben.

P.S: Die ab 1948/49 ungewöhnlich schnelle Erholung nach dem 2. Weltkrieg ist ganz besonderen, einmaligen Bedingungen geschuldet. Der Normalfall nach solchen Kriegen ist die Agonie und das Aufleben von Extremismen, wie sie nach 1918 herrschte.

Noch ein **kleiner Nachtrag** zum Weiterlesen zu Jaurès: Wilhelm Muehlon schrieb in sein Tagebuch am Tage des Attentats auf Jaurès die folgende Einschätzung. Vorab: Muehlon war von 1908 – 1914 Direktor in Essen bei Krupp, davor im Auswärtigen Amt beschäftigt. Er entwickelte sich von bürgerlicher Seite zu einem der schärfsten Kritiker der Politik des kaiserlichen Deutschland:

„Der Krieg beginnt in Paris mit einer scheußlichen Tat: Jaurès wird in einem Kaffeehaus von einem patriotischen Jüngling niedergeschossen. Die französische Regierung beeilt sich, ihre Entrüstung auszusprechen. In der Tat war Jaurès eine Zierde seines Landes, von größtem und verdienten Einfluss, unablässig bemüht, seine Anschauungen, ebenso wie die seiner Landsleute zu vervollkommnen, im Sinne des Fortschrittes der Menschlichkeit, des Friedens, der Verständigung, der Gerechtigkeit. Dabei von glühender

Liebe für Frankreich beseelt, kein Verkleinerer seiner Volksgenossen. Erst wenige Tage vorher, auf dem Internationalen Sozialistenkongreß in Brüssel, hat er die Friedensliebe seiner Nation betont und sie warm verteidigt, als es sich um die Frage handelte, ob die europäische Sozialdemokratie stark genug sein werde, den Weltkrieg aufzuhalten. (...) Jaurès war gewiss keine Verräter, wie sein Mörder sagte, sondern ein über seine Zeit hinaus erleuchteter Geist. Dass er niedergeschossen wurde, sobald Frankreich die Kriegsrüstung anlegte, machte mit Schrecklichkeit deutlich, welch hohe moralische und geistige Werte der Krieg zerstört und auf welches Niveau er uns zurückdrückt, durch die Menschen und Gesinnungen, die mit ihm hochkommen. Darauf, ob der Mord gesühnt wird, kommt es gar nicht mehr an. Es genügt, in Erinnerung zu behalten, daß ein patriotischer normaler junger Mann seinem Vaterlande mit diesem Mord zu dienen glaubte."

aus: W. Muehlon: Ein Fremder im eigenen Land. Erinnerungen und Tagebuchaufzeichnungen eines Krupp-Direktors 1909-1914. Bremen 1989, S. 109f.

21.Februar 2022

Wenn zwei sich streiten ...und im bösen Erbe von 1204 n.Chr. gefangen sind

Folgen aus Sicht der existierenden Religionen:

Falls die Unnachgiebigen auf beiden Seiten sich im Ukraine-Konflikt durchsetzen, könnte also tatsächlich nach irgendeinem Plan oder durch Provokationen ein Krieg begonnen werden, und zwar – mal religiös betrachtet – zwischen

dem **christlich**-orthodoxen Russland und

der **christlich**-orthodoxen Ukraine

unter Beteiligung fast aller Staaten West- und Zentraleuropas, die sich ja meist immer noch „**christlich**" nennen.

... wer freut sich dann? Die **Islamisten** überall!

Ich sehe schon die Sektkorken knallen, in **Afghanistan** (dem Schauplatz des letzten NATO-"Triumphs"), in **Mali** (dem französisch-deutschen „Triumph"), bald auch – nach möglicher Schwächung Russlands – in **Syrien**, und in all den anderen Gebieten, wo die Islamisten noch versteckt oder schon offen auf dem Vormarsch sind. Jedenfalls sieht die Landkarte für sie total günstig aus, da ja die genannten „befreiten" Länder wieder andere noch zu befreiende Länder um sich haben, und die „Bedrohung" aus dem (christlichen) Norden ja dann wegfällt.

Vielleicht erfüllt sich dann für sie deren Voraussage aus Koran oder Hadditen, dass in einem Dorf im heutigen Syrien die Entscheidung im Armageddon, also ihrem Armageddon, fällt. *(Ich könnte leider nur nach längerem Suchen genauere Angaben zu dieser Legende machen, aber Zeit haben wir jetzt nicht für akademische Nachforschungen).*

Folgen aus finanzieller Sicht

Auch diese wären für die Islamisten positiv, da ja die „christlichen" Staaten bald bei ihnen ihr Gas kaufen werden, statt in Russland. Als Lieferanten habe ich schon öfter von Quatar reden hören, aber auch wohl von Ägypten, beides Leuchttürme der Menschenrechte.

Betrachtung aus historischer Sicht

Ich vermisse angesichts des drohenden Krieges zwischen zwei christlich-orthodoxen Mächten den massiven Protest der orthodoxen Patriarchen in Kiew und Moskau! Schließlich sind die beiden, wenn schon jetzt nicht mehr christlich, aber wenigstens historisch miteinander verwandt, und zwar auf erstaunliche Weise!

Das Christentum kam ja in diese Gebiete aus **Konstantinopel**, also der **Hauptstadt des Byzantinischen Reiches**. Von dort stammte dann auch – immer mit Russland abwechselnd - bis 1453 der Metropolit, also das kirchliche Oberhaupt. Und der Titel dieses Metropoliten war: „Metropolit von Kiew und ganz Russland" (Μητροπολιτης Κιεβου και πασης Ρωσιας) – kann man nachsehen, war so.

Und jetzt noch die Verbindung von 1204 und 1453! 1453 ist ganz einfach: Die **muslimischen** Osmanen unter Sultan Mehmet Fatih (Mehmet der Eroberer!!!) können die christliche Hauptstadt **Konstantinopel** erobern. **Konstantinopel** war vom Prestige her mindestens das „Zweite Rom".

Das konnten die Osmanen aber nur schaffen, weil das **Byzantinische Reich,** 250 Jahre zuvor entscheidend geschwächt worden war, durch: Den **Vierten Kreuzzug!**

Jetzt denkt vielleicht manch einer von Ihnen, ich hätte mich mit dem „Kreuz-Zug" geirrt, diese Züge seien doch immer gegen die Muslime im „Heiligen Land" gerichtet gewesen.

Nun, im Vierten Kreuzzug lenken die Venezianer das Kreuzfahrerheer, das seine Schulden in Venedig nicht bezahlen konnte, kurzerhand gegen das **christlich-orthodoxe Konstantinopel** um. Dessen blutige Erstürmung, Plünderung und die nachfolgende Zerstückelung des Byzantinischen Reiches schwächte dieses in der Folge so, dass 1453 von diesem Reich gerade noch die Hauptstadt übriggeblieben war.

Also: 1204 knallten schon die Sektkorken bei muslimischen Herrschern, 2022 könnten sie wieder knallen.

Vielleicht ist dies übrigens die Antwort darauf, dass die heutigen Patriarchen von Kiew und von Moskau nicht den „Bischof von Rom" um Vermittlung bitten ...

Persönliche Frage an die „christlichen" religiösen Führer:

Warum findet sich unter euch eigentlich keiner wie der Pfarrer Jannaros in Kazantzakis Roman „Brudermörder"???? Der läuft, nur mit der Bibel und seinen Glauben an Jesus bewaffnet, zwischen den Parteien im Griechischen Bürgerkrieg von 1946-1949 herum, macht sich überall unbeliebt, weil er diese Parteien an die „WERTE" erinnert *(nein, nicht die von Baerbock)* und wird schließlich erschossen.

24. Februar 2022

An die Sprecherin der hiesigen Friedensinitiative und ihre Mitglieder

Ihr Lieben,
bravo Edith, ich glaube, keiner hätte das im Fernsehen besser sagen können als Du! Übrigens warst Du die Einzige in all dieser Berichterstattung, die das Wort Atomkrieg in den Mund genommen und die Konsequenzen genannt hast.
Erlaube ein paar Bemerkungen zu den Reden, bzw. ein paar Ideen, die mir bei den Reden kamen:
- der Pastor hat natürlich sehr vom Standpunkt einer Humanität geredet. Was mir fehlte: Atomkrieg ist gegen Gottes Schöpfung; der Pastor könnte vielleicht einen Aufruf an seine Kirchen hier starten, dass diese die Patriarchen in Kiew und Moskau auffordern, auf deren Politiker im Sinne der Schöpfung Einfluss zu nehmen und ihren Gläubigen zu sagen: „Es reicht".

- Eine Mitschuld an der jetzigen Situation haben diejenigen im Westen, die die Ukraine ermutigten, weiter den Nato-Beitritt zu verlangen, ohne ihnen zu sagen, dass sie ihnen höchstens mit Sanktionen helfen würden, wenn Russland das nicht hinnehmen würde.

- Die Alternative dazu wäre das Auslösen eines Krieges NATO-Russland, der sehr schnell zu einem Atomkrieg degenerieren/eskalieren würde. Diese Alternative haben unsere Politiker aber nicht durchdacht, denn dann hätten sie entweder in den letzten Monaten anders gehandelt bzw. einen Katastrophenschutz aufgebaut - oder zugegeben, dass es beim Atomkrieg keinen Katastrophenschutz gibt. Mit anderen Worten: die haben gar keinen Plan B!!!!!!

- So, und jetzt noch was, etwas, was man ja gar nicht sagen darf: Unsere Eltern - und übrigens alle Generationen vor uns (bis auf wenige Ausnahmen) – hatten in ihren Kriegen immer die Möglichkeit zu kapitulieren. In einem Atomkrieg aber gibt es selbst diese Möglichkeit nicht!!!!

Selbst wenn der jetzige russische Präsident (so werde ich das jetzt immer formulieren) versuchen sollte a) das Land zu besetzen oder b) eine moskauhörige Regierung einzusetzen, so würde er diesen Mühlstein nie mehr los werden - alle anderen Sektoren außer dem Militär sind in Russland doch sowieso schon bankrott.

- Im Rest Europas würde auf lange Zeit niemand mehr mit ihm und dem von ihm regierten Land Kontakt pflegen. Unabhängigkeitsbestrebungen der besetzten Ukraine würden natürlich weiter zivil unterstützt. So, wie in der Zeit des Kalten Krieges, z.B. in Polen, würde die Besetzung nie hingenommen, und insofern würde das Land in vielleicht 20 oder 40 Jahren wieder frei entscheiden können, wohin es will. Bis dahin würde es auch in RU einen Generationswechsel gegeben haben, eine Generation, die vielleicht verstehen wird, dass ihr Land mit der imperialen Haltung überfordert ist und das Lebensnotwendige in Infrastruktur nicht mehr leisten kann. Und in einem Bündnis mit China wäre Russland nur Zweiter und ausgenutzt.

25.Februar 2022

An einen Bekannten auf dessen Zuschrift

Ich kann vom Verstand nicht ganz auf das einschwenken, was Du mit der "imperialistischen Aggression" meinst, vom Herzen her schon.

Vom Verstand her weiß ich, dass die andere Supermacht es sich nicht gefallen lassen würde, wenn vor ihrer Haustür ein anderes Bündnis Waffen stationiert - die Cuba-Krise zeigt genau dies: Du kannst es nachlesen oder in dem Film sehen, dass Kennedy wegen der damaligen Raketen bereit war einen Atomkrieg zu beginnen.
Dieser Befund heißt aber nicht, dass ich die zu schnelle und einseitig präventiv-eskalierende Vorgehensweise der Leute in Moskau billige. Im Gegenteil: sie schädigen ihr sowieso schon marodes Land weiter und begeben sich in Abhängigkeit zu China. und so viele Polizisten können die gar nicht produzieren, um eine besetzte Ukraine zu bewachen. Ich sehe da zunehmend

Trotzreaktionen bei denen, die schon über 20 Jahre an der Macht sind - schau Dir mal die Eigenarten von Merkel nach 16 Jahren an.

Nun wären mir ja im Prinzip Trotzreaktionen und Bunkermentalität bei irgendwelchen Politikern egal, wenn sie nicht Atomwaffen hätten, und zwar ungefähr gleich viele wie die USA. Und ich kann ihnen diese Atomwaffen nicht "abnehmen", jedenfalls nicht, indem ich meine eigenen einsetze. Also muss ich mich mit denen - auch wenn ich sie nicht mag und deren Politik nicht - auf Kompromisse einlassen.

Ich kann jetzt nicht seitenlang mir Kompromisse ausdenken; diese vielen Regierungen haben dafür Hunderte von Beratern. Ich habe aber an einem historischen Beispiel, Elsass-Lothringen, mal beschrieben, wie da Kompromisse ausgesehen haben könnten - statt dieser Kompromisse begann man dann den ersten Weltkrieg. Und jetzt denk' an Brechts Gedicht:

„Das große Karthago

Das große Karthago führte drei Kriege.

Es war noch mächtig nach dem ersten,

noch bewohnbar nach dem zweiten.

Es war nicht mehr auffindbar nach dem dritten."
So, und jetzt in aller Kürze meine Schlussfolgerungen aus dem Befund, dass ich dem "Bösewicht" auf der anderen Seite seine Atomwaffen ja nicht abnehmen kann:

- Eine <u>Mitschuld</u> an der jetzigen Situation haben diejenigen im Westen, die die Ukraine ermutigten, weiter den Nato-Beitritt zu verlangen, ohne ihnen zu sagen, dass sie ihnen höchstens mit Sanktionen helfen würden, wenn Russland den weiteren Weg in die Nato nicht hinnehmen würde. - Dies würde die Ukraine zum Stellvertreter des Westens machen. Dies sollte ihr nicht zugemutet werden.

- Die Alternative zu den Sanktionen wäre das Auslösen eines Krieges NATO-Russland, der sehr schnell zu einem Atomkrieg degenerieren/eskalieren würde. Diese Alternative haben unsere Politiker aber nicht durchdacht, denn dann hätten sie entweder in den letzten Monaten anders gehandelt bzw. einen Katastrophenschutz aufgebaut - oder zugegeben, dass es beim Atomkrieg keinen Katastrophenschutz gibt. Mit anderen Worten: die haben gar keinen Plan B!!!!!! - Und wer die Folgen nicht meistern können würde, sollte die Voraussetzung für diese Folgen nicht eintreten lassen!

26.Februar 2022

(zur Rede des russischen Präsidenten nach dem Einmarsch seiner Armee in die Ukraine)

Da disqualifiziert sich gerade jemand selbst

.... einer, der den Drücker für die Atomwaffen in Händen hält!

Der russische Präsident definiert als Kriegsziel u.a. die „Denazifizierung" in der Ukraine – davon dürften in seiner Definition Tausende betroffen sein; er beschimpft den Präsidenten der Ukraine und seine Berater als „drogensüchtig". So redet keiner, der rational seine Streitkräfte einsetzt; das zusammen mit der gesamten Körperhaltung drückt eher lang unterdrückte Wut , also Irrationalität, aus. Hinzu kommt, dass selbst in Hochzeiten des Kalten Krieges kein Sowjetführer die Drohung mit A-Waffen so in einem Massenmedium ausgesprochen hat.

Erschreckend das Aussehen und die Kopfhaltung beim Sprechen. Die Augen sind klein und tief in den Höhlen – eigentlich so, wie ich es vom Gefühl bei meinem Vater so ab 85 Jahren in Erinnerung habe. Beim Reden schaut er oft nach unten, als ob er eher einen Monolog hält.

Das kennen wir ja von seltsamen Typen gerade aus der deutschen Geschichte: Friedrich II. von Preußen (übrigens ein glänzender Stilist und Gesprächspartner) konnte stundenlang monologisieren; das (für Filme zurechtgestutzte) Monologisieren Hitlers kann man in „Untergang" mit Bruno Gans sehen oder lesen in den „Tischgesprächen".

Übrigens der „Untergang" mit Bruno Gans: Da gibt es die Szene, wo Himmler seinem „Führer" vorschlägt mit dem Westen doch noch zu verhandeln, um dann umso besser gegen den Osten weitermachen zu können. Da antwortet Hitler: „Ich mache keine Politik mehr." – Diese

Assoziation kam mir, als ich den Ausschnitt aus der Rede Putins im TV sah; zusätzlich hatte ich ja seine Rede vom 21.2. durchgearbeitet, die ja in dem damals veröffentlichten Teil von 11 Seiten 5 Seiten Beschimpfungen der Ukraine enthielten. Aber:

Putin = Hitler???

Vielleicht kommen wir von der gerade beschriebenen Ähnlichkeit bei Bunkermentalität und Rücksichtslosigkeit aber auch zu Unterschieden, Unterschieden, die überlebenswichtig sind.

Der Hauptunterschied ist natürlich: <u>Hitler hatte keine Atomwaffen</u>. *(Wichtig vielleicht gerade für unser Volk hier, dass damals viele hofften, der „Führer" werde noch eine „Wunderwaffe" einsetzen.)*

Dieser Hauptunterschied ist gebietend!

Der Mann hat also eine Möglichkeit an der Hand, die alles auslöschen könnte. Deswegen ist er – trotz allem Widerwillen - vorsichtig zu behandeln.

Es ist kein Weg, dass jetzt jedes NATO-Land getrennt seine Militärausgaben erhöht. Alle NATO-Armeen zusammen dürften der russischen Armee jetzt schon konventionell weit überlegen sein. Jeder von euch kann das einfach überprüfen, indem ihr das CIA-Factbook nehmt und einfach die Armeestärken der Nato-Länder addiert.

Also: Eine Absetzung Putins und seiner jetzigen Berater durch „den Westen" ist nicht möglich, außer durch Atom-Krieg.

Eine Erneuerung Russlands müsste von Innen kommen – gefördert mit ganz maßvollem Druck, aber auch „goldenen Brücken".

Ich würde gern sehen, wie die Nachfolge-Generation der jetzigen russischen Offiziere, also die im Range eines Obersten, den Präsidenten bei einem „Frontbesuch" gefangennehmen – analog zu Plänen des militärischen deutschen Widerstandes gegen Hitler. Haben wir nicht nach dem Ende Trumps gehört, dass die Vereinigten Stabschefs diesem Mann sogar die Verfügung über die A-Waffen wegnehmen wollten?

So etwas wäre jetzt auf der anderen Seite nötig – wenn auch nicht sehr wahrscheinlich.

Kann man hoffen, dass die religiösen Führer, also die Patriarchen von Kiew und Moskau, diese Selbstzerfleischung von Brüdern des gleichen Glaubens verurteilen?

Wie wäre es, wenn der Patriarch in Moskau protestiert und vor Kameras abgeführt würde? Vergessen wir nicht, dass der Gewaltmensch Stalin dummdreist fragte, wie viele Divisionen der Vatikan denn hätte – und vergessen wir nicht die „Antwort" des Vatikans durch Jan Pawel, den damaligen Papst, 1980 in Polen!

Die Religion vermag da einiges!

Der Patriarch von Moskau würde dann in dasselbe Gefängnissystem eingeliefert wie die Leute von Memorial. Ich denke hier besonders an den inhaftierten Jurij Dimitrijev, dessen Haftzeit gerade mal eben um 2 Jahre verlängert wurde.

Ruhm allen Menschen in Russland, die sich dem Weg in den atomaren Untergang entgegenstellen!

Schande den jetzt Regierenden! Schande auch den Scharfmachern in USA und Europa. Leuten wie Stoltenbert: Wenn er (also Putin) weniger Nato wolle, kriege er mehr Nato (so gesagt zwei Tage vor dem Angriff); Leute wie Johnson, der die russische Führung „quetschen" will (so gesagt einen Tag vor dem Angriff). Schande solchen Leuten wie Reagan oder Trump, die in Twittern oder in „Sendepausen" von der (auch atomaren) Vernichtung ihre jeweiligen Gegners sprachen.

Und nochmals an alle, die jetzt mitten in der Krise schon wieder ihre jeweiligen Armeen aufrüsten wollen: der alte Clausewitz hat vor 200 Jahren schon darauf hingewiesen, dass Russland nur von innen besiegt werden kann. Ich würde heute sagen: ... von innen reformiert. Durch die Leute im Lande, Leute wie die von Memorial.

Dem Westen Hörige - wie damals Jelzin - würden auch nach Putin in Russland keinen Erfolg haben.

An die russische Botschaft

Werte Damen und Herren,

seit 1979 kämpfe ich in der Friedensbewegung gegen Atomraketen in Europa und gegen eine Verteufelung damals der Sowjetunion, heute Russlands.

Ihr jetziger Präsident hat dem Land nach der demütigenden Phase unter Jelzin wieder Würde gegeben. Er ist aber jetzt dabei die Würde Ihres Landes zu verspielen, durch

- die einer Großmacht unwürdige Beschimpfung der ersten Regierung in der Ukraine, die wirklich nach formalen demokratischen Erfordernissen zustande kam
- seine falsche Beurteilung des ukrainischen Selbstbehauptungswillens; diese falsche Beurteilung erkennen sie am langsamen Vorwärtskommen Ihrer ansonsten sieggewohnten, den Ukrainern eigentlich überlegenen Truppen;
- seiner Ankündigung des Einsatzes von Atomwaffen.

Deshalb: Ihr jetziger Präsident muss schwer erkrankt sein. Seine Umgebung, die er sich ja selbst ausgesucht hat und die mit ihm seit Jahren immer dieselben Informationen austauscht, scheint diese Krankheit nicht zu erkennen. Sie alle sind Opfer einer Bunkermentalität.

Deshalb scheint es notwendig zu sein, dass alle Kräfte Ihres Landes, die ein weiteres Leben in unserem gemeinsamen Europa überhaupt noch möglich machen wollen, sich vereinen und eine neue Regierung einsetzen.

Ich werde mich im Rahmen meiner Möglichkeiten nach der Sicherung des Überlebens für Europa dafür einsetzen, dass die legitimen Sicherheitsinteressen Russlands gewahrt werden. Und falls Sie urteilen sollten, dass Ihnen mein Einsatz nicht genügend Garantien liefert gegen das Gekeife von Stoltenberg und Johnson: selbst wenn Russland jetzt klein beigeben müssen sollte, so ist ein Wiederaufstieg eines so großen und stolzen Volkes eine Naturnotwendigkeit. Einzige Voraussetzung dieses Wiederaufstieges: die Weiterexistenz Russlands und Europas, damit vielleicht die Kinder eine Chance haben.

Im Glauben, dass auch Sie für Ihre Kinder noch eine Zukunft wollen

(folgt: Unterschrift)

28. Februar 2022

(Vielleicht) letzte Offene Fragen an die Vertreter des deutschen Volkes und die Regierung dieses Volkes

Europa ist auf dem Weg in den Atomkrieg.

1. Wo ist Ihre Vorsorge für diesen Fall? Mir ist nicht bekannt, nach welchen Katastrophenschutzplänen ich meine Enkel in Sicherheit bringen könnte? Verrät dies Ihre Planlosigkeit in den letzten Fragen der menschlichen Existenz? Eine Planlosigkeit, die wir

ja beim <u>überstürzten Abzug aus Afghanistan</u> und jetzt auch aus Mali gerade erleben durften.

Übrigens durften „wir" Europäer ja da auch erleben, wie sich die USA <u>ohne Rücksicht auf ihre „Verbündeten"</u> von dort verabschiedeten! Schlechter Lohn für die „Nibelungentreue" (siehe 1914)!

Und: falls Sie auch der Meinung sind, dass es gegen einen Atomkrieg in Europa keinen Schutz gibt:

2. Warum haben Sie die Ukrainer und deren Führung nicht <u>rechtzeitig</u> vor Putins Entschluss davor gewarnt, dass Europa ihnen auf dem Weg in die NATO-Mitgliedschaft nur „helfen" könnte, indem es uns alle der immer näher rückenden Gefahr des Atomkrieges aussetzt, an dessen Ende natürlich auch das Ende der zu verteidigenden Ukraine steht? Ein wunderbares Beispiel einer Loos-loose-Situation.

Sie opfern Europa für USA-Interessen.

Beweis: Die USA schrecken ja sogar für sich selbst vor den <u>nordkoreanischen Atomwaffen</u> zurück, aus der Angst, eine der noch wenigen Atomraketen Nordkoreas könnte ja mal den „heiligen Boden" der USA treffen. Dieses Land, das seit 160 Jahren keinen Krieg mehr auf eigenem Boden erlebt hat, sprach verächtlich von „Old Europe", als einige Länder mal nicht mit den USA eskalierten.

Viele US-Amerikaner folgen noch den wirren Ideen von Trump, wie „America first". Meiner Erinnerung nach berichteten auch ernsthafte Medien wie Phoenix oder NTV in dem unten immer laufenden Band über Äußerungen Trumps, die eher freundlich gegenüber dem russischen Präsidenten waren. Was also erwarten Sie von den USA???

Nochmals: Nibelungentreue ist meist das Gegenteil von einer Wahrnehmung nationaler Interessen!

18. März 2022

Der Husarenritt nach Kiew – die Falken fahren jetzt Bahn

Ja, Husarenritt, das war mein erster Gedanke bei der Nachricht die drei Premiers von Polen, Slowakei und Tschechien seien nach Kiew gereist – mit der Bahn!!! Zuerst spürte ich sportliche Hochachtung, einen Anflug von polnischem Patriotismus. Aber nun zur Sache:

Sie sprachen wohlgemerkt mit dem ukrainischen Präsidenten nicht per Video-Konferenz, sondern fuhren mit der Bahn. Also absichtlich gefährlich!

Gefährlich in zweierlei Hinsicht:

Gibt's da nicht doch vielleicht mal einen russischen Piloten, der einen Zug treffen will? Bisher gab es keine

Angriffe auf Züge, die ja meist Flüchtlinge transportieren; aber Züge in östlicher Richtung transportieren ja keine Flüchtlinge!

Könnte nicht von Moskau aus, das ja von der „Reise" wusste, der Befehl ergangen sein, die Bahnlinie vor Ankunft des Zuges irgendwo zu bombardieren? (Hier wieder eine unangenehme Reminiszenz, mindestens aus polnischer Sicht: Ist nicht damals die gesamte polnische Regierung nahe Smolensk, also in Russland, mit dem Flugzeug abgestürzt und ist seitdem die Führung in Warschau nicht unzufrieden mit der Aufklärungshilfe aus Moskau für den Absturz?)

Also: gefährlich!

Es fragt sich, warum in einem Zeitalter, wo selbst Kaninchenzüchtervereine Vorstandssitzungen per online-Konferenz abhalten, drei höchstrangige Politiker diese Bahnreise unternahmen. Es ging wohl um die „Botschaft"

Erstens: Wir haben keine Angst mehr vor dem russischen „Bären".

Zweitens: Ihr im „alten" Europa nehmt noch viel zu viel Rücksicht auf den „Bären".

Drittens: Warum brüskiert ihr nicht wie wir hier die Führung in Moskau durch eine weitere Reise nach Kiew.

Genau der dritte Punkt ist wohl keine Vermutung. Denn am 16.3. hat dann der polnische Premier den

Bundeskanzler zu genau einer solchen Reisewiederholung aufgefordert. Wohlgemerkt: nicht durch einen vertraulich-diplomatischen Hinweis, sondern öffentlich. Man könnte auch sagen, dem Scholz wurde Feigheit vorgeworfen.

Der Chef der polnischen PiS-Partei, Jaroslaw Kaczynski, forderte im selben Sinne vorgestern eine „Friedensmission" der NATO auf ukrainischem Territorium!!!

In all dem zeigt sich offener Hass gegenüber Moskau, ja, angesichts der militärischen Lage sogar schon etwas wie Herausforderung.

Diese osteuropäischen Politiker scheinen im Moment als Falken die NATO zu einem offenen militärischen Eingreifen drängen zu wollen. Ich frage mich, wie sie die Tatsache von Russland als Atommacht so weit verdrängen können – ich meine, man sollte auch bei ihnen von Realitätsverlust sprechen, wie ich es schon mal bezüglich des ewigen Präsidenten Putin gemacht habe.

Und jetzt möchte ich bezüglich dieser osteuropäischen Politiker noch an einen anderen Befund meinerseits vom 13.2. erinnern: Von Riga (kurz vor Petersburg) bis zum Schwarzen Meer gibt es für solche Falken (und die gibt's bestimmt auch im Kreml) „unendliche Eskalationsmöglichkeiten".

Ich würde mich nicht wundern, wenn heute oder in den nächsten Tagen von einem Punkt dieser unendlichen Grenze eine „Verletzung" derselben gemeldet würde – also eine Verletzung von NATO-Territorium. Denn so könnte man die „Tauben" in der NATO gehörig unter Druck setzen. Oder dasselbe andersherum: z.b. eine Verletzung des Territoriums der russischen Enklave Kaliningrad (jaja, Königsberg!!!).

Und ein letzter Satz: Es war der litauische oder lettische Präsident, der damals, als er zusammen mit dem polnischen Premier wegen der Freigabe von Waffenlieferungen bei Scholz war, in einem Interview von den 25% seiner russisch-stämmigen Einwohner als „Migranten" sprach.

In welcher anderen Haltung müsste eigentlich in solcher Lage Politik gemacht werden?

Hierzu das passende Zitat aus Caesars Rede im Senat im Dezember 63 v.Chr.: Alle Menschen, ihr Senatoren, die über schwierige Dinge beraten, müssen unbedingt völlig frei sein von Hass, Freundschaft, Zorn und Mitleid. Nicht leicht sieht der Geist das Wahre, wo diese heftigen Emotionen entgegenstehen, und nicht einer von allen (Menschen) hat gleichzeitig seiner Emotion und seinem wahren Vorteil gedient.(Übersetzung von mir, G.J.)

Omnes homines, patres conscripti, qui de rebus dubiis consultant, ab odio, amicitia, ira atque misericordia vacuos esse decet. haud facile animus verum providet, ubi illa officiunt, neque quisquam omnium libidini simul et usui paruit. (Sallust, coniuratio Catilinae, Kapitel LI.)

Gedankensplitter zur Krise

am 2.3:

In der Antike entschied man über die Grundfrage von Krieg und Frieden in Volksversammlungen, auch in autoritären Staaten wie z.B. Sparta – heute haben wir diese Entscheidung „repräsentativ delegiert". Wer ist also demokratischer????

Aus vielen Romanen gerade des erwachenden Nationalstaats, also des 19. Jahrhunderts, kenne ich das Motiv des im Krieg Getöteten, der sich aber in seinen letzten Momenten damit tröstet, dass die Geschichte seiner Nation ja trotz des Todes Vieler weitergeht; dass ein misslungener Aufstand zum Beispiel nur der Samen ist für weitere Aufstände später. – Damals gab es also trotz personeller oder lokaler oder regionaler Vernichtung das Weiterleben derer, für die man sich „geopfert" hat. Heute im Atomzeitalter ist das vergangene Ethik.

am 8.3.

Heute sagte doch wahrhaftig der wehrhaft-begeisterte Markus Preiß (Journalist) in der „Aktuellen Stunde" (WDR) auf die Frage, ob die EU sich der Öl-Sanktion des US-Präsidenten anschließen würde: Im Moment sei davon nicht die Rede, aber man habe ja schon öfter erlebt, dass innerhalb einer Woche möglich würde, was man vorher für unmöglich gehalten habe.

Nun: Dies und die Meldungen über die Energiepreissteigerungen und die Versuche, diese innerhalb Jahresfrist noch zu steuern, zeigen dass die Regierenden in diese Krise seit Monaten hineingestolpert sind, ohne dass VORHER alle Eventualitäten bedacht worden wären – ähnlich wie der von mir schon angesprochene Zustand im Katastrophenschutz. Die Fundamentalfrage hätte lauten müssen: zu welchen Preisen, welchen Risiken werden wir die Ukraine ermutigen sich gegenüber RU unnachgiebig zu zeigen und weiter Mitglied in der NATO zu werden?

Dann wäre man vorbereitet gewesen – oder hätte es gelassen.

Mir wird nur schlecht, wenn die Planungen zur Verhinderung eines Atomkrieges auch so schlecht sein sollten. Im Konventionellen hat man ja schon planlos genug reagiert.

am 8.3.

Die USA werden die Ukraine bis zum letzten Europäer verteidigen. Der Gedanke kam mir beim Anschauen eines Youtube-Video vom 16.2., https://www.youtube.com/watch?v=fqX75LRPkiA (von „VisualPolitik"). Der Moderator ist aufdringlich , die Bilder wechseln sehr schnell, aber: das Video glänzt mit vielen thematischen Facetten, teilweise sogar Tiefen bei der Analyse von wirtschaftlichen Tendenzen, zahlreichen kleinen Zitaten und sehr <u>richtigen</u> VORAUSSAGEN, was besonders erstaunlich ist, weil das Video lt. Youtube von vor Kriegsbeginn datiert, nämlich vom 16.2.22. Wiederholte Aussage: Die USA konnten sich nichts Besseres wünschen als die Invasion der UA durch RU. Meine Ergänzung: und die vernünftigen Europäer konnten sich nichts weniger wünschen ….

am 21.3.

Wen die Götter vernichten wollen …

Die jetzt schon zwei Generationen dauernde Gewöhnung an die Mittelmeersonne durch den exzessiven Sommerurlaub führt dazu, dass die Jüngeren kein Gefühl mehr haben für den Wassermangel durch geringen Regen. Also: „Durch Vergnügen verführt!"

Präsident Eisenhower informiert über einen Grund für Kriege in den letzten 100 Jahren

Ich muss denken an die Abschlussrede Eisenhowers mit seiner Warnung vor dem Unwesen eines „Militär-Industrie-Komplexes". Eisenhower ist unverdächtig, ein „Russlandversteher" zu sein, denn:

Er war US-Präsident und im 2. Weltkrieg der Oberkommandierende aller alliierten Truppen an der Westfront 1944 bis Kriegsende!!!!!

Und noch wichtiger: Eisenhower spricht hier als Insider eine besondere Warnung aus vor Kräften, die auch einen gutwilligen Präsidenten (wie z.B. Obama) völlig beeinflussen bzw. unter Druck setzen können. Eisenhower sagte in seiner Abschiedsrede als Präsident am 17. Januar 1961:

„Bis zum letzten unserer Weltkonflikte hatten die USA keine Waffenindustrie. Amerikanische Hersteller von Pflugscharen konnten mit zeitlichem Aufwand und je nach Auftrag auch Schwerter machen. Aber wir können nicht länger Notfall-Improvisation bei der nationalen Verteidigung riskieren. Wir sind gezwungen worden eine dauerhafte Rüstungsindustrie von riesigem Ausmaß zu schaffen. Noch dazu sind 3,5

Millionen Männer und Frauen in der Verteidigungseinrichtung direkt beschäftigt. Jährlich geben wir für militärische Sicherheit allein mehr aus als das Nettoeinkommen aller US-Körperschaften. Jetzt ist diese Verbindung eines unermesslichen Militär-Establishments und einer großen Rüstungsindustrie neu in der amerikanischen Erfahrung. Die totale Beeinflussung – wirtschaftlich, politisch, sogar geistig – ist fühlbar in jeder Stadt, jedem staatlichen Gebäude, jedem Büro der Bundesregierung. Wir erkennen den gebieterischen Zwang zu dieser Entwicklung an. Aber wir dürfen nicht versäumen dessen schwerwiegende Implikationen zu verstehen.

Unsere Mühen, Ressourcen und unser Lebensunterhalt sind alle involviert. Gleiches gilt für die Struktur unserer Gesellschaft selbst. In den Beratungen der Regierung müssen wir uns verwahren gegen den Gewinn von unbefugten Einfluss durch den Militär-Industrie-Komplex, sei dieser nun beabsichtigt oder nicht. Das Potential für das verderbliche Entstehen von deplazierter Macht existiert und wird weiter bestehen. Wir dürfen nie erlauben, dass das Gewicht dieser Kombination unsere Freiheiten oder den demokratischen Prozess gefährdet. Wir sollten nichts für selbstverständlich halten. Nur wache und kenntnisreiche Bürger können das richtige

Zusammenspiel der riesigen industriellen und militärischen Verteidigungsindustrie mit unseren friedlichen Methoden und Zielen erzwingen, so dass Sicherheit und Freiheit zusammen gedeihen können.

Damit verwandt, und zum großen Teil verantwortlich für die umfassenden Veränderungen in unserer industriell-militärischen Lage, war die technologische Revolution während der letzten Jahrzehnte. In dieser Revolution ist Forschung zentral geworden; sie wird auch formalisierter, komplexer und kostspieliger. Ein ständig wachsender Anteil wird beigetragen für, durch oder nach Anweisung der Bundesregierung. Heute ist der einsame Erfinder, der in seinem Geschäft herumprobiert, überschattet von ganzen Kampfgruppen von Wissenschaftlern in Laboratorien und Testbereichen. In gleicher Weise hat die freie Universität, geschichtlich die Quelle von Ideen und wissenschaftlichen Erfindungen, eine Revolution in der Ausübung von Forschung erfahren. Teils wegen der riesigen involvierten Kosten wird ein (Rüstungs-)Vertrag mit der Regierung zu einem Ersatz für intellektuelle Neugierde. Für jede alte Tafel gibt es nun Hunderte von neuen elektronischen Computern. Die Aussicht, dass Beschäftigung durch die Bundesregierung, dass

Projektansiedlungen und die Macht des Geldes die Herrschaft gewinnen über die Gelehrten der Nation ist immer gegenwärtig--- und muss als schwerwiegend betrachtet werden. Aber so, wie wir wissenschaftliche Forschung und Entdeckung respektieren, wie es sich gehört, müssen wir ebenso wachsam sein gegenüber der gleichen und gegensätzlichen Gefahr, (nämlich) dass die öffentliche Politik selbst die Gefangene einer wissenschaftlich-technologischen Elite werden könnte.

Es ist Aufgabe staatsmännischer Führung diese und andere Gewalten, neue und alte, mit den Prinzipien unseres demokratischen Systems zu verschmelzen, auszubalancieren und zu integrieren ---- und dabei immer auf die höchsten Ziele unserer freien Gesellschaft abzuzielen. (...) Während wir in die Zukunft der Gesellschaft spähen, müssen wir – Sie und ich und unsere Regierung – den Drang vermeiden nur für heute zu leben, während wir für unser Behagen und unsere Bequemlichkeit die wertvollen Ressourcen von morgen plündern."

(Übersetzung von mir, G.J.)

Der Ukraine-Krieg, die Defensivrüstung und nochmals die Einsichten des „alten" D.D. Eisenhower?

Der bisherige Verlauf des Krieges

Wohl kaum jemand hätte vorausgesagt, dass es der ukrainischen Armee gegen die anfangs ca. 150 000 Mann der russischen Armee mit deren Luftüberlegenheit möglich gewesen wäre, so lange und so gut standzuhalten.

Wenn ich hier nicht irre, wird seit drei Wochen von Kämpfen um Mariupol berichtet – und die Stadt ist immer noch nicht eingenommen!!!

Und selbst, wenn – in nochmals drei Wochen oder drei Monaten – es Moskau gelingen sollte, den Widerstand der organisierten Armee der Ukraine zu brechen und die ukrainische Regierung zur Unterzeichnung von Irgendwas zu zwingen, so

- wird der „Sieger" nicht seine Maximalforderungen erreichen können;

- wird es ihm nicht möglich sein, die gesamte Ukraine über Jahre hinaus zu besetzen, auch nicht mit Hilfe einer Marionettenregierung! Ich hatte schon im Dezember auf den ukrainischen Guerillakrieg bis in die 50ger Jahre des 20.

Jahrhunderts hinein hingewiesen, und argumentiert, dass ein solcher Guerillakrieg jetzt viel bessere Chancen auf Erfolg hätte, da die Ukraine ja jetzt an NATO-Länder grenzt, während sie in den 40ger/50ger Jahren von Staaten des „Ostblockes" umringt war.

- Heute würde ein solcher Guerillakrieg nach den Erfahrungen, die viele UkrainerInnen in diesem Krieg machen mussten, wohl noch durch eine breite zivilgesellschaftliche Unterstützung gefördert – denkt an Maos: Fisch im Wasser!

Die Beweiskraft des bisherigen Verlaufes

Zuerst: Viele von uns haben nicht mitgekriegt, wie die Ukraine vom Westen seit 2014 **aufgerüstet** wurde. Trotzdem fehlen der ukrainischen Armee in diesem Krieg ein Gleichstand an Panzern und es fehlen Flugzeuge. Die sogenannte Lufthoheit liegt wohl fast vollständig bei der russischen Luftwaffe und deren Raketenstreitkräften.

Aufgerüstet wurde die ukrainische Armee seit 2014 aber wohl im elektronischen Bereich und im Bereich der **taktischen Abwehrwaffen** wie Anti-Panzer-Raketen, Anti-Helikopter-Raketen, Anti-Flugzeug-Raketen ----- und bewaffneten Drohnen.

Dies sind – wohlgemerkt – keine Waffen, mit denen **allein** man einen Krieg ins Territorium des Gegners tragen kann. Sie scheinen aber Waffen zu sein, die in der

Defensive auf taktischer Ebene extrem erfolgreich eingesetzt werden.

Also:

Die nur minimalen Fortschritte der russischen Armee mit Panzern und Luftwaffe und Raketen beweisen die Wirksamkeit dieser **defensiven Gefechtsfeldwaffen**. Ein weiteres Merkmal dieser Waffen ist deren geringe Kosten. Eine Anti-Panzer-Rakete namens Javelin kostet 60 000 Euro – ein Leopard 2 kostet ca. 8 Millionen (wenn man der Info glauben darf, dass die 104 Leo 2 A7V insgesamt 760 Millionen laut Vertrag vom 5.5.2017 kosten, s. ESUT vom 1.7.2020).

Man könnte also gut 100 dieser Javelines kaufen für den Preis eines solchen Kampfpanzers. Nach einer Sendung auf Youtube hat die ukrainische Armee bis zum 16.3.22 von diesen Javelines 380 eingesetzt mit einer „Erfolgsquote" von 75 Prozent. Also:

Es ist ein völlig falscher Weg, den der Bundestag da in vaterländischer Begeisterung eingeschlagen hat mit dem Beschluss einmalig 100 000 000 000 Euro und jährlich 2% des BIP = über 60 000 000 000 für die Bundeswehr auszugeben. Man stelle sich vor, was da für eine Monster-Armee heranwächst!!!

Und es ist ja nicht die Bundeswehr allein, die da die 2%-Hürde meistern will, sondern 29 NATO-Armeen.

Überspitzt könnte man formulieren:

Die „Front" von Riga bis kurz vor Odessa reicht ja nicht aus, um all diese Waffen der 30 NATO Staaten aufzunehmen.

(Gut, einiges müssen wir abziehen, wenn dann irgendwann die Politik doch wieder meinen sollte, dass sie noch einiges gegen die Islamisten braucht, und dann gegen diese auszieht wie in Afghanistan oder Mali...)

Jetzt aber **wieder ernsthaft**:

Gegen diese (und die zukünftige) russische Armee reicht – im konventionellen Bereich – doch eine Defensivrüstung.

Erste Elemente einer solchen Defensivrüstung aus der unmittelbaren Praxis sind oben genannt. Jedoch reicht dies nicht, um sich von Defensivrüstung eine **genügende Vorstellung** machen zu können. Deshalb folgende Zusatzinformationen:

In den 80ger Jahren stellte die österreichische Armee unter General Spanocchi komplett auf Defensivrüstung um. Für unseren Bereich kann man sich eine Vorstellung von ihr holen bei General a.D. Jochen Löser in seinem Buch: „Weder rot noch tot".

Wer es noch defensiver will, der könnte sich zum Konzept der „Sozialen Verteidigung" informieren, wie er von Theodor Ebert und anderen entwickelt wurde.

Aktuell ist es an der Zeit einige Klassiker der 80ger Jahre herauszuholen, um den jetzigen Plänen zu widerstehen. Denn die jetzigen Pläne sind:

- klimafeindlich

- sozialfeindlich

- für den angenommenen Gegner fast eine Kriegserklärung, also eskalierend.

- Sie sind zustande gekommen in einer bestimmten Situation, in der der Bundestag (**sehr** ähnlich zum Reichstag 1914, also: hektisch – pseudo-patriotisch – in gegenseitiger Herden-Begeisterung) etwas beschlossen hat, was keiner Minute ruhigen Nachdenkens standhält.

- extrem förderlich für die Aktienkurse der „Kriegsmaterialfabrikanten" (Muehlon).

Zum letzten Punkt fällt mir noch der „Klassiker" ein, diesmal aus den ganz frühen 60gern des 20 .Jahrhunderts: Die Abschlussrede von Eisenhower mit seiner Warnung vor dem Unwesen eines „Militär-Industrie-Komplexes".

Sie finden sie im vorigen Artikel hier in diesem Buch. Erstaunlich übrigens, wie Eisenhower vor 60 Jahren schon, weit vor dem „Club of Rome", den Zusammenhang von Ressourcen und Rüstung zusammenhängend beschreibt. Damit führt er uns direkt in die heutige Klimakrise.

Nato today – oder:

Bei Maischberger vor einigen Tagen

Ich habe am 31.3. eine gute halbe Stunde fassungslos vor der Maischberger TalkShow gesessen: ausgelesene Talker, die alle einer Meinung waren, und sich höchstens mal gegenseitig an etwas erinnerten – eine kleine Ausnahme in Gestalt von Frau Neubauer von „Fridays for future", die versuchte die Klimafrage in dieser Rüstungsrunde einzubringen (klappte aber nicht richtig).

Ja, was hat mich meiner Fassung und meines späteren Schlafs beraubt – was fehlte in diesem Konzert gleicher Meinungen? Also, **es fehlten:**

● Das „worst-case-Denken": Was passiert, wenn all die hier angedachten Schritte des „Westens" Moskau zu sehr provozieren???

● Die inhaltliche Füllung der 100.000.000.000-Sondervermögens-Ausgabe!

● Der Gedanke, was eigentlich die 2%-Steigerung des Bundeswehrhaushaltes inhaltlich bedeutet:

● Mehr Wirtschaftswachstum= mehr Bruttosozialprodukt = mehr Rüstung??? Das kann doch wohl nicht wahr sein!

- Eine Gesamtschau der Anstrengungen der 29 Nato-Staaten. Da rüstet jeder, wie er will – aber Moskau rechnet zusammen!!! Und dann sieht die Summe ganz anders aus, besonders, wenn man mal ein „worst-case-Szenario" annimmt. Ein General a.D. Brauß hat in der FAZ vom 27.3. darauf hingewiesen, dass gewisse Bewegungen der russ. Armee in der Ukraine wohl unterbleiben, weil der dortige Generalstab natürlich noch ordentlich was an seiner „Westfront" gegenüber der aufmarschierenden NATO belassen muss.

- Der Gedanke, was die Aufrüstung der Bundeswehr zur **stärksten europäischen Armee** in den nächsten Jahren für den Zusammenhalt des Bündnisses bedeuten könnte. Immerhin erinnert man sich als älterer Mensch ja noch an die extremen Vorbehalte in Frankreich und Großbritannien gegenüber der dt. Einigung 1989!

- Der Gedanke, wieso früher einmal überhaupt Rüstungsbegrenzungs-Verträge geschlossen wurden. Wohlgemerkt: die damaligen Regierungen haben solche Verträge nicht aus Menschenfreundlichkeit geschlossen, sondern um **Fehlfunktionen ihrer gegenseitigen Vernichtungssysteme zu minimieren.** Besonders charakteristisch: Das Verbot von Anti-Raketen-Raketen (Anti-Ballistic-Missiles, ABM). Das ist doch eigentlich unlogisch, denn es ist doch

EIGENTLICH „gut", wenn ich feindliche, mich bedrohende Raketen abschießen kann, oder?

- Die Erwähnung der folgenden einseitigen Eskalationsschritte der letzten 10 Tagen:

- die Kündigung der NATO-Russland-Akte, in der eine Rotation der NATO-Kräfte an der Ostgrenze vorgeschrieben war (ja, ich weiß, Russland hat ....)

- die Aufkündigung des ABM-Vertrags, indem hier laut diskutiert wird über die Anschaffung eines Anti-Ballistic-Missiles-Systems wie der israelischen „Arrow" (ja, ich weiß, Russland hat ...)

- die Anzahl und die Dislozierung der „Battle Groups": diese wird verdoppelt!!! (Ja, ich weiß ...)

- der Versprecher des US-Präsidenten, man wolle in Moskau einen „regime-change" verursachen; nebst dem eiligen Dementi des Außenministers dieses Präsidenten, die USA hätten noch NIE „regime-change" gemacht;

- das „Treueversprechen" dieses Präsidenten in Polen, obwohl derselbe vor gut drei Wochen seiner Bevölkerung versprochen hat, ihr, also der US-Bevölkerung, würde nichts passieren (Merke: Er wird die Ukraine bis zum letzten Europäer verteidigen)

- Das sogenannte „Fenster der Verwundbarkeit", also die zeitliche Lücke zwischen dem Gerede über (zum Beispiel) ein ABM-System und dessen Funktionieren. Merke: der potentielle Gegner müsste diese „Verwundbarkeit" eigentlich ausnutzen.

- Das Funktionieren eines solchen ABM-Systems im Konkreten: Schießt so eine ABM-Rakete bei der gegnerischen Rakete den Sprengkopf oder das Trägerteil ab??? Wenn den Sprengkopf – detoniert der dann nicht mit allen ATOMAREN Verseuchungskonsequenzen??? Wenn das Trägersystem: Hoffentlich geschieht das weit genug in „Feindesland", also beim Anflug, denn sonst fällt der Sprengkopf ja doch hier bei uns runter. – Ich muss zugeben, ich kenne mich hier nicht aus, aber allein die Frage scheint mir sehr angebracht.

Und ganz allgemein fehlte mir:

Der Gedanke, was ich mit all meinen Aufrüstungsschritten mache, wenn beim Gegner plötzlich jemand nachgeben sollte – etwa eine neue Führung … Werden dann z.B. bei Rheinmetall, wo schon direkt nach der 100 000 000 000-Rede des Bundeskanzlers („Sondervermögen") es zu einer Erhöhung des Aktienkurses um 40 % kam, die Bestellungen widerrufen? Die armen Aktionäre …

Oder noch allgemeiner:

Geht es schon längst nicht mehr um die Ukraine, oder um Putin, sondern um den regime-change in Russland, um dieses dann für den großen Show-Down mit China instrumentalisieren zu können? Denn man bedenke: Ohne Russland auf „unserer" Seite kann man „den Chinesen" nur vom Pazifik aus attackieren = schwieriges Unterfangen, siehe Normandielandung 1944. Aber wenn die NATO erst mal zusammen mit Russland an der chinesischen Land-Westgrenze steht, dann hat „der Chinese" einen Zweifrontenkrieg!!!

P.S. Die Überschrift habe ich extra so gewählt, weil der Inhalt der Sendung ungefähr der Multiperspektivität von „Russia Today" entspricht

11. April 2022

Der Militär-Industrie-Komplex (MIK). Beispiele aus Geschichte und Gegenwart

MIK???? Nein, nicht die böse russische MIG ist gemeint, sondern der Komplex, über den ich im vorvorigen Kapitel den ehemaligen US-Präsidenten Eisenhower habe berichten lassen, den Militär-Industrie-Komplex.

Nochmal zur Erinnerung an das, was dieser Militär- und Politprofi Eisenhower da eigentlich gesagt hat:

Der MIK sei etwas Neues; er beschäftige sehr viele Menschen; er habe viel Geld und er bekomme viel Geld,

Steuergeld; er nehme unheilvollen Einfluss auf politische Entscheidungen.

Und da Eisenhower das vor 61 Jahren gesagt hat, möchte ich es für heute etwas aktualisieren. Zuvor aber: Was hat das mit **Friedens-Führung** zu tun? Denn bei vielen meiner Bemerkungen steht ja dahinter die Frage: Wie könnte man statt Kriege zu führen den **Frieden führen**.

Ich meine, dass der Zusammenhang ganz einfach ist: Eine Politik, die aktiv für Bedingungen arbeiten will, unter denen Frieden sich entwickeln kann, muss **natürlich schärfstens einen „Komplex" kontrollieren, dessen Hauptziel es ist, Beschäftigung und Profit bei Herstellung und Verkauf von Waffen zu fördern.**

Wenn eine Regierung dies nicht tut, macht sie sich zum Gefangenen von Waffen-Händlern und ihren militärischen <u>Gehilfen</u>!!!

Nach diesem – wie ich meine, sehr nachvollziehbaren – Beweis für die Gefährlichkeit eines MIK durch die Autorität Eisenhowers komme ich zur Aktualisierung der Thesen von Eisenhower.

Der MIK ist eine qualitativ neue Entwicklung

Eisenhower sagt ja überspitzt, dass vor dem 2. Weltkrieg jeder Industrielle bei Bedarf von der Herstellung von Friedensartikeln zu Kriegsartikeln und zurück wechseln konnte – Waffenherstellung war eben noch hauptsächlich Produktion von Eisenteilen.

Dies hat er zwar etwas vereinfacht ausgedrückt, aber ein Blick in die Rüstungsgeschichte zeigt, dass da etwas Wahres dran ist.

Bis zur Mitte des 19. Jahrhunderts waren Militärs im Prinzip feindlich eingestellt gegenüber Neuerungen. Das beste Beispiel hierfür ist der Widerstand in vielen Armeen gegenüber der Entwicklung von Hinterlader-Kanonen aus Stahl; die Kanonen, die die Militärs kannten und bevorzugten, waren die Vorderlader Kanonen aus Bronze, wie sie damals schon seit gut 400 Jahren (mit geringen Verbesserungen) hergestellt wurden.

Es kostete die früheren Rüstungsindustriellen fürchterlich viel Reklame und Bestechungsgeld um die jeweiligen Artillerie-Prüfungskommissionen überhaupt zu wohlwollenden Tests zu bewegen.

Das bekannteste Beispiel hierfür ist der „Waffenkönig" Krupp. In Großbritannien kennen viele die Vorbehalte der Ersten Lords der Admiralität gegen Motorantrieb statt Segelantrieb!!!

Man merke also:

Die (adligen) Militärs bis Mitte des 19. Jahrhunderts waren auch bei der Rüstung konservativ. Es kostete längere Jahre mit Praxis-Tests im Kriege für die neuen Waffen und es brauchte die dann immer schnellere technische Entwicklung, bis die Militärs sich wohlwollender zeigten.

Mittlerweile sind die Militärs aber schon GETRIEBENE der Forschung und Entwicklung in der Rüstungsindustrie. Die Einrichtungen der Rüstungsindustrie informieren – grob gesagt – die Herren Generale über ihre eigenen Planungen und stellen die Planungen ihrer Konkurrenten in besonders grellen Farben dar: ‚Bald kann der Feind dies und das. Wir müssen ihm zuvorkommen. Sorgen Sie dafür, dass die Politiker uns Geld für dieses (oder jenes) neue Projekt bewilligen.' – Dies bewirkt dann einen Modernisierungsschub der Rüstung auf der einen Seite, und natürlich dann auch auf der anderen Seite, denn dort argumentieren die Rüstungsindustriellen ja genau so.

Beweis? Man stelle sich eine Militärführung vor, die sich noch bis jetzt zum Ukrainekrieg gegen die Rüstung mit bewaffneten Drohnen gestellt hätte – sie wäre spätestens jetzt abgesetzt.

Auf die zweite These von Eisenhower möchte ich jetzt nur kurz eingehen, und zwar anhand von Entwicklungen aus den letzten 40 Jahren.

In den USA und in Russland (und nach der immanenten Logik auch in China, Indien usw.) sind heute direkt und indirekt ganze Bevölkerungsgruppen im Militär, in der Rüstungsindustrie und – ganz neu und ganz wichtig und stark anwachsend – in der Forschung tätig. Bei der Forschung muss man noch unterscheiden zwischen der Grundlagenforschung und der angewandten Forschung. Grundlagenforschung ist so allgemein angelegt, dass deren Ergebnisse in vielen Anwendungen benutzt werden; sie ist aber auch deswegen so wichtig, weil bei Rückständen in diesem Bereich keine Fortschritte bei einzelnen Rüstungsvorhaben erzielt werden können.

Beispiel: Ohne Grundlagenforschung bei Chips wird man auch die Bauteile für bestimmte Waffensysteme nicht herstellen können.

Durch diesen „Einbruch" in die allgemeine Forschung, die die Grundlagenforschung ja ist, werden noch mehr Menschen von Rüstungsaufträgen abhängig.

Zu Eisenhowers dritter und vierter These, nämlich, dass der MIK viel Steuergeld bekomme und unheilvollen – und übrigens auch undemokratischen – Einfluss auf politische Entscheidungen nimmt, passt das folgende Beispiel für die Verwendung von ganz viel Steuergeld: das 100 000 000 000 Euro „Sonder-Vermögen" von Kanzler Scholz.

<u>Zurück zu den Beispielen für den MIK:</u>

Zuerst drei Beispiele für die neuere deutsche Rüstungsgeschichte seit 1956 :

a) „Holt Hartmann vom Himmel" – eine populärwissenschaftliche Biographie des „erfolgreichsten" Jagdfliegers des 2. Weltkrieges. Dort findet man am Ende ein Kapitel über Hartmanns Verwendung in der Bundeswehr. Hartmann – also technisch gesehen - DAS „Fliegeras", ist Anfang der 60ger Jahre der Meinung, dass die noch junge Luftwaffe gar nicht reif ist für das äußerst sensible „Produkt Starfighter" der US-Industrie. Hartmann protestiert also gegen dessen Anschaffung. Daraus entsteht eine Auseinandersetzung zwischen ihm und seinen Vorgesetzten. In deren Verlauf wird der erfolgreichste Jagdflieger entlassen. Im weiteren Verlauf mutiert der Starfighter zu einem Grab für Geld und ganz viele Piloten!!! Der Bundeswehrminister damals:

Das Ur-Gestein der CSU, der spätere bayerische Ministerpräsident Franz-Josef Strauß. Den Abschnitt zum Starfighter aus dem Wikipedia-Artikel zu Strauß (Version vom 22.3.'22) empfehle ich jedem, der sich für Wirtschafts-Krimis interessiert!!!!

b) Alfred Mechtersheimer untersuchte die Anschaffung des MRCA Tornado wissenschaftlich im Rahmen einer Dissertation:

„Rüstung und Politik in der Bundesrepublik, MRCA Tornado. Geschichte und Funktion des größten westeuropäischen Rüstungsprogramms". Eine ungeheuer materialreiche Untersuchung auf wissenschaftlicher Basis, die die Warnungen Eisenhowers bewies und viele weitere Tendenzen aufzeigte – so u.a. die Tatsache, dass die übernationalen Rüstungsprojekte die demokratischen Entscheidungsgremien aushebeln können, indem sie immer auf Verträge mit anderen Staaten verweist, wenn die demokratischen Gremien kontrollieren und korrigieren wollen.

c) Als der reichlich un-orthodoxe bis verwirrte bzw. interessengeleitete letzte US-Präsident ankündigte, er wolle die US-Truppen in Deutschland reduzieren, erhob sich ein Betteln und Klagen der Landkreise, in denen diese US-Truppen stationiert waren: Das wäre ein schwerer Rückschlag für die entsprechende Region, man solle die Truppen doch lassen. Wohlgemerkt: Die entsprechenden Politiker dieser Landkreise bitten darum, dass die <u>fremden Truppen</u> bei ihnen verbleiben, die im Ernstfall (worst case) genau diese Landkreise bei der Abwehr des „Feindes" in eine atomare Wüste verwandeln würden. – Hier sind also ganze Landkreise wirtschaftlich abhängig vom Militär. Und man glaube nicht, dass in diesen Gebieten irgend jemand bei Wahlen kandidieren sollte, als <u>Volks-Vertreter,</u> der nicht vorher bewiesen hätte, dass er der Vertreter der dortigen militärisch-industriellen Kräfte ist.

Oft hilft es als Einstieg und Überblick zu diesen und weiteren Beispielen, wenn man die entsprechenden Wikipedia-Seiten durchliest. Ohne zusätzliches Wissen jedoch bleibt man oft bei den z.T. verharmlosenden, Fakten und Begriffe sortierenden Artikeln der jeweiligen Autoren stehen.

<u>Pikantes aus 2 Firmengeschichten</u>

Ja, RHEINMETALL, dieses Unternehmen ist echt „phänomenal"!

Es entstand wie die Firma KRUPP im Kaiserreich, aber gut 50 Jahre später.

Es kämpfte schon im Kaiserreich gegen KRUPP um Rüstungsaufträge. Ein harter Kampf, denn zum mindesten für Krupp ist der Aufkauf von Konkurrenzunternehmen, ist Lobbyarbeit bei der Artillerieprüfungskommission, dem Kaiser und den Generalen, ja, sogar der Verkauf von veralteten Produkten an die eigene Regierung, schließlich Bestechung im internationalen Maßstab belegt.

KRUPP kam dann spätestens im 1. Weltkrieg in den Ruf des „Kanonenkönigs" – RHEINMETALL konnte sich erfolgreich ducken.

KRUPP ist heute nur noch als „Thyssen-Krupp" in der U-Boot-Sparte ein Rüstungskonzern.

RHEINMETALL ist eigentlich der heutige „Kanonenkönig", zuständig für die „harten" Teile der Rüstung, also gepanzerte Fahrzeuge: Leopard 2, Panzerhaubitze 2000, Lynx, Puma ..., also die ganze restliche Raubtier-Familie, seitdem in der Nazizeit ja die Namen der „Panther" und „Tiger" für Fahrzeuge schon vergeben worden waren.

Und noch ein paar **Klassiker**, wenn man sich abseits von heutiger Verwirrung durch das Studium erforschter Zusammenhänge fit machen will:

George W.F. Hallgarten: Das Wettrüsten. Seine Geschichte bis zur Gegenwart. Frankfurt/M. 1967

George W.F. Hallgarten: Zur Geschichte der Abrüstung im 20. Jahrhundert. In: Zeitschrift für Politik 7(1960), S. 93-109 (Hallgarten war ein Schüler von dem im Folgenden genannten Eckart Kehr.)

Senghaas, D: Rüstung und Militarismus. Frankfurt/M 1972

Kehr, E: Schlachtflottenbau und Parteipolitik. (…). Dissertation 1927, Nachdruck 1965. Ein Klassiker zum MIK der Kaiserzeit.

14. April 2022

Defensivwaffen oder Offensivwaffen – Wo sind die Unterschiede?

In Diskussionen geht es oft heiß her bei der Frage, ob man jemandem gegen einen Aggressor als Drittland Waffen liefern soll. Oft endet die Diskussion dann auch in Ratlosigkeit oder in gegenseitiger Aggressivität.

Hier soll versucht werden mit möglichst klaren Maßstäben solchen Diskussionen Hilfen an die Hand zu geben.

Die Kriterien – enge und weite

Wir werden herausfinden, dass es bei Waffen auf **Technisches** wie ihre Reichweite oder ihre durch die Bauart und die Munition bestimmte Aufgabe ankommt; weiter auf die Anzahl der Waffen, die geliefert werden, denn hier kann Quantität in Qualität umschlagen; und da wir gerade bei diesen Qu-Wörtern sind, kommt es auch auf ihre jeweilige Ausführung an, sprich ob es sich um moderne, ältere oder veraltete Waffen handelt.

Es kommt auch auf die **Situation** in einem Krieg an, ob eine Waffengattung eher offensiven oder eher defensiven Charakter hat: wer hat wessen Grenze überschritten; wer ist qualitativ und/oder quantitativ überlegen; usw.

Weiter unten wird aber darauf hingewiesen, was passieren kann, wenn ein anfangs Unterlegener oder Überfallener so viele „Defensivwaffen" geliefert bekommt, dass er zur Offensive übergehen kann. **Der Umschlag von Quantität in Qualität!**

Der Orientierungsrahmen

Wir nähern uns der Sache, indem wir die jeweils harmlosesten und die gefährlichsten Waffen betrachten, um dann für die übrigen Waffen einen Rahmen zu haben.

Standpunkt für diese Erörterung: die Lieferung aus einem Drittstaat an einen Staat, der durch Grenzüberschreitung durch seinen Gegner angegriffen wurde und auf dessen Territorium jetzt Kampfhandlungen stattfinden. Diese beiden Gesichtspunkte zählen zu denen, auf die ich oben unter **„Situation"** hingewiesen habe.

Die harmloseste Waffe unter den heutigen Militärwaffen: Die mehrschüssige **Pistole** hat eine geringe Reichweite, und ihre Tödlichkeit sinkt mit steigender Entfernung. In Kampfhandlungen ist die **Pistole also eine Nah-Kampf-Waffe**, deren Tödlichkeit unter heutigen Bedingungen nicht ausreicht, um kriegsentscheidend zu sein.

Natürlich kann sie von Angreifern wie Verteidigern eingesetzt werden. Ihre Lieferung an den Verteidiger in der oben gegebenen Definition ist auf die taktisch begrenzte Verteidigung beschränkt: In der Hand dessen, der auf seinem eigenen Territorium gegen einen Angreifer im Nahkampf kämpft, ist sie daher eine <u>reine</u> Defensivwaffe. Sie kann den unmittelbaren Angreifer „ausschalten", nicht aber beim Angreifer als Masse eine solche Tödlichkeit entfalten, dass dessen Angriff zur Flucht wird; auch kann sie nicht das gegnerische Territorium erreichen.

Sie allein könnte also unseren Angegriffenen nicht in die Lage versetzen, selbst eine Offensive starten zu können.

Die gefährlichste Waffe

Dies dürfte heutzutage die **Boden-Boden-Rakete** sein, die konventionell oder atomar bestückt sein kann. Allein schon bei der Vorstellung einer solchen Waffe wird ganz schnell klar, dass sie eher weniger defensiv ist, wenn man von besonderen Fällen absieht. Sie hat – je nach Bauart und der Ausdehnung des Kriegsraumes - eine Reichweite, die die meisten Punkte im Lande des Gegners erreichen kann; sie ist wegen ihrer Schnelligkeit und ihrer Sprengkraft von besonderer Tödlichkeit. Sie ist eine **„Sieg-Waffe"**.

Nun mag einer fragen, ob diese denn nicht vom Verteidiger gegen den Angreifer eingesetzt werden könnte, um dessen Angriff zum Stehen oder sogar zum Zusammenbrechen zu bringen, also wäre doch dann der Angreifer abgewehrt worden, und Abwehr ist doch defensiv.

Die **Rakete** zielt aber „bauartbedingt" auf das Territorium jenseits der Grenze, ihre Tödlichkeit kann – je nach Quantität und Qualität der Raketen – ja sogar die sogenannte „Enthauptung" des Gegners herbeiführen, also die Vernichtung seiner Führungszentralen. Unsere scheinbare Defensivwaffe entpuppt sich also als ein kriegsentscheidendes Instrument. Ihr Einsatz durch den Angegriffenen könnte dazu führen, dass dieser nicht allein die gegnerischen Bodentruppen stoppt (wozu im Verbund der Waffen dann eher echte **Anti-Panzer-Waffen** benutzt würden), sondern dass dieser dann mit diesen Raketen Ziele auf dem Territorium des Angreifers belegt und den Krieg gewinnt. Als Sieger könnte er dann möglicherweise – dem früheren Angreifer nun selbst fürchterliche Bedingungen auferlegen. Also eine **Sieg-Waffe.**

Eine weitere Waffe als Beispiel

Nach dieser ersten Einordnung, die durch die Natur der jeweiligen Waffe wohl leicht zu verstehen war, kann man darangehen, weitere Waffensysteme nach den ganz oben genannten technischen und Situations-Kriterien einzuordnen.

Gezeigt werden soll dies noch kurz – der Lesbarkeit halber – am Beispiel von **Anti-Panzer-Waffen tragbaren Charakters,** allgemein hier oft als „**Panzerfaust**" bezeichnet. Einzelne Soldaten setzen diese aus der Deckung, oft im Städte- und Häuserkampf, und aus geringer Entfernung, gegen Panzer ein. Die Waffe ist also nicht dazu geeignet große Entfernungen zu überbrücken; sie ist einschüssig, kann also nach dem Abfeuern im Allgemeinen nicht wieder bestückt werden. Mehrschüssige sind schwerer, verlangen mehr Bedienungspersonal. Und auch bei diesen wird der Soldat, der eine solche Panzerfaust abgefeuert hat, bemüht sein einen superschnellen Stellungswechsel vorzunehmen und dabei die Waffe (und weitere Sprengköpfe) nicht unbedingt mitschleppen wollen/können. Sie wird wegen all dieser Merkmale normalerweise <u>nicht im Vormarsch</u> eingesetzt.

<u>So lange</u> also, als diese **Panzerfäuste** nicht in einer solchen Anzahl verfügbar wären, in der sie die gesamte Panzermacht des (angreifenden) Gegners vernichten könnten, und <u>solange</u> keine weiteren, anderen Waffen zur Verfügung stehen, die diesen gerade geschilderten (unwahrscheinlichen) Abwehr-Erfolg in die Chance zu einer weiträumigen eigenen Offensive des vorher Unterlegenen verwandeln, kann man **Panzerfäuste** als hauptsächliche Defensivwaffen bezeichnen.

Man könnte diese **Panzerfäuste** mit dem Anspruch, Defensivwaffen liefern zu wollen, also <u>eher liefern</u> als **Kampfpanzer** oder **Kampfflugzeuge oder Helikopter.**

Würden aber (siehe der letzte Abschnitt) parallel zu den **Panzerfäusten** auch **Kampfpanzer** und **Kampfflugzeuge/Helikopter** geliefert, würden diese Panzerfäuste **im Verbund** mit diesen anderen Waffen dem unterlegenen Angegriffenen die Möglichkeit zur eigenen Offensive und vielleicht sogar zum „Sieg" über den ursprünglich überlegenen Aggressor bieten – in diesem Verbund wären dann die gelieferten **Panzerfäuste** Waffen, die den mehr offensiven **Panzern** oder **Flugzeugen** erst den Einsatz ermöglichen.

Ich meine, dass man in einer solchen Situation die Panzerfäuste nicht mehr als Defensiv-Waffen bezeichnen könnte.

Meine **erste These** lautet also:

Wenn **alle anderen Methoden der Friedensführung** trotz großen Engagements gescheitert sein sollten, so gäbe es Waffentypen, die man einem Angegriffenen und Unterlegenen liefern könnte. Ob diese ein Instrument der Friedens-Herbeiführung sind, entscheidet sich nach der Zahl und Qualität der gelieferten Waffen für sich, aber auch in Relation zum Angreifer. Ziel einer solchen – nicht primär angestrebten – Waffenlieferung wäre dann, dem Angreifer die Möglichkeit des **militärischen Sieges** zu nehmen, gleichzeitig aber auch nicht den Angegriffenen so aufzurüsten, dass dieser dann mit **Aussicht auf Sieg** den Gegner bekämpfen kann.

Die **zweite These** bezieht sich auf Aktuelles:

Sie betrifft besonders den aktuellen Fall von Waffenlieferungen an die Ukraine, in der Situation vor Beginn der russischen Offensive aus dem Donbass. Die Ukraine hat bisher große Abwehrerfolge erzielt mit Waffen, die wir oben eher als defensiv bezeichnet hatten: **Panzerfäuste** und – oben nicht extra erwähnt – **bewaffnete Drohnen**, z.T. auch **Boden-Luft-Raketen**, die es wie die Panzerfäuste auch tragbar gibt.

Dieser Erfolg in der ersten Phase hat es der Ukraine ermöglicht, dem Gegner eines seiner großen militärisch-politischen Hauptziele, die Eroberung der Hauptstadt, zu verwehren. Der Besitz der Hauptstadt hätte die Möglichkeit geboten, die existierende Regierung auszuschalten und eine eigene von Moskaus Gnaden einzusetzen.

Die **dritte These** bezieht sich auf die momentanen Forderungen nach „schweren Waffen":

a) In den Medien werden immer nur die Lieferungen eines NATO-Staates thematisiert; es fehlt die Gesamtschau der Lieferungen aus allen NATO-Staaten. Denn nur dann kann abgeschätzt werden, ob die gelieferten Mengen die Ukraine sogar instand setzen könnten, Siege mit Offensivcharakter anzustreben. Es geht dabei um das **Umschlagen von Quantität in eine neue Qualität.**

b) Die **Lieferung von Kampfpanzern, Schützenpanzern, Panzerhaubitzen** (Artillerie auf

Panzern) wird den Charakter des Kampfes, den wir in der ersten Phase gesehen haben, zugunsten der Möglichkeit von **Offensivoperationen** der Ukraine verändern. Hier schlägt eine Defensivbewaffnung in eine **Bewaffnung mit offensiveren Möglichkeiten** um. Sieg-Operationen von momentan noch kleineren Ausmaßen werden möglich.

c) Das Drängen der ukrainischen Regierungsorgane, sogar ihres Botschafters in Deutschland, nach diesen „schweren Waffen" ist extrem hartnäckig; im Falle des Botschafters, also eines Diplomaten, ist es schon un-diplomatisch. Diese Leute würden dann, wenn sie die „schweren Waffen" bekämen, bald schon die Sperrung des Luftraumes durch NATO oder eher **noch die Lieferung von Militärflugzeugen** verlangen. Dieses Verlangen liegt in der Natur der Sache: gepanzerte Verbände sind nur dann schlagkräftig, wenn sie aus der Luft geschützt werden. Wenn nicht, sind sie extrem verwundbar – oder, wie man heute sagt – vulnerabel.

OSZE-Berichte als Quelle zur Vorgeschichte des jetzigen Krieges

Total ausführlich und -wie es scheint- unparteiisch sind diese Berichte. Einzusehen sind sie unter: https://www.osce.org/ukraine-smm/reports

Die Hauptseite enthält viele Verweise zu Unterthemen, besonders interessant fand ich „Where we are".Dort kann man sich zu vielen Krisenherden die Berichte der OSZE ansehen.

Bei den täglichen Berichten, hier zum Ukraine-Konflikt, gibt es (hier gezeigt am Beispiel des 11.2.'22)

Zusammenfassung (summary)

Vollständiger Bericht (full report) Hier finde ich besonders interessant:

a) Die Landkarte mit der Angabe des Orts der Einschläge und der Intensität der Verletzungen des Waffenstillstandes: Zum 11.2. scheint es hier so zu sein, dass die ukrainischen Regierungstruppen und Paramilitärs mehr in die Separatistengebiete gefeuert haben als umgekehrt!!!

b) Die Statistik, in der die Anzahl der Verletzungen des Waffenstillstandes dieses Tages mit der Anzahl der davor liegenden

Woche und des davor liegenden Monats und Jahres verglichen wird. Hier zum 11.2. wäre das Ergebnis, dass es eine signifikante Erhöhung der Verletzungen gegeben hat gegenüber allen drei Vergleichszeiträumen!!!! Ich bin da wohl durch Zufall auf einen der Tage gekommen, die dann den Einmarsch auslösten.

c) Tabelle mit den Angaben der Einschläge/Abschüsse von Verletzungen des Waffenstillstandes (Table of ceasefire violations). Extrem genau und ausführlich.

Ich war zuerst von der Vielzahl von Abkürzungen verwirrt. Eine, die häufigste, habe ich dann zufällig herausbekommen: SMM = Special Monitoring Mission – also die Beobachtungsmission der OSZE.

20. April 2022

Herrn Bundeskanzler Scholz

Die Diskussion um „schwere Waffen" und der Druck auf Sie

Sehr geehrter Herr Bundeskanzler,

gerade durfte in der „Aktuellen Stunde" des WDR wie auch in „Heute" der ehemalige General Ramm für die

Lieferung der o.g. Waffen werben – sie stünden doch teilweise bei den Rüstungsfirmen herum.

Weiter sagte der General sinngemäß:

Wenn die Ukraine Terrain zurückerobern solle, so könne das nicht mit Infanterie und Panzerfäusten gehen.

Ich führe den Gedanken weiter: Dafür – also für die Offensive!!! – werden die „schweren Waffen" gebraucht: Kampfpanzer, Schützenpanzer, Artillerie auf Selbstfahrlafette (Panzerhaubitze) … .

Ich bitte Sie angesichts dieses Befundes:

Bleiben Sie hart gegenüber den Rüstungslieferern in Ihrer Regierung! Es ist etwas qualitativ völlig anderes, der Ukraine zu helfen, dass diese einen Sieg Russlands verhindert, und ihr Waffen zu liefern, damit diese ihrerseits Russland besiegt.

Ein solches Szenario kann nur eine weitere Eskalation befördern – und welche Stufe außer der atomaren bleibt Putin dann noch übrig – wenn seine Armee besiegt würde???

24. April 2022

Die Diskussion um „schwere Waffen": Der Druck auf die SPD
(Hier der Brief an meinen Bundestagsabgeordneten)

Sehr geehrter Herr Schäfer,
am 19.4. durfte in der WDR-„aktuellen Stunde" wie auch in „Heute" der ehemalige General Ramms für die Lieferung der o.g. Waffen werben – sie stünden doch teilweise bei den Rüstungsfirmen herum.

Weiter sagte der General sinngemäß: Wenn die Ukraine Terrain zurückerobern solle, so könne das nicht mit Infanterie und Panzerfäusten gehen.
Ich führe den Gedanken weiter: Dafür – **also für die Offensive, den Sieg!!!** – werden die „schweren Waffen" gebraucht: Kampfpanzer, Schützenpanzer, Artillerie auf Selbstfahrlafette (Panzerhaubitze) … .
Ich bitte Sie angesichts dieses Befundes:
Bleiben Sie hart gegenüber den Rüstungslieferern der Ampel-Koalition! Es ist etwas **qualitativ völlig anderes,** der Ukraine zu helfen, dass diese **einen Sieg Russlands verhindere,** ODER ihr Waffen zu liefern, damit diese **ihrerseits Russland besiegt.** Denken Sie an Graf Baudissin, den Schöpfer des Konzepts der Inneren Führung: „Nie wieder Sieg!"
Ein solches Szenario kann nur eine weitere Eskalation befördern – und welche Stufe außer der atomaren bleibt Putin dann noch übrig, wenn seine Armee „besiegt" würde???
Die Möglichkeit eines solchen „worst case" hat der Bundeskanzler erst vorgestern selbst bestätigt, als er – entgegen den Gewohnheiten anderer Spitzenpolitiker – **einen Gedanken zu Ende dachte** und das Wort „Atomkrieg" in dem Kontext dieses Themas hier benutzte. Bleiben Sie stringent bei Ihrer Gedankenkette,

denken Sie an die Forderung von Generaloberst Beck (einer der Hauptakteure des 20. Juli 1944):

„Die Erfassung und Behandlung militärischer Fragen in ihren Zusammenhängen bis zum Urgrund in systematischer Denkarbeit, [...] will sorgsam erlernt und geübt sein. Nichts wäre gefährlicher, als sprunghaften, nicht zu Ende gedachten Eingebungen, mögen sie sich noch so klug oder genial ausnehmen, nachzugeben oder **auf Wunschgedanken, mögen sie noch so heiß gehegt werden,** aufzubauen. Wir brauchen Offiziere, die den Weg logischer Schlussfolgerungen in geistiger Selbstzucht systematisch bis zu Ende gehen, deren Charakter und Nerven stark genug sind, das zu tun, was der Verstand diktiert." *(Hervorhebungen von mir)*

Der „Wunschgedanke" in unserem heutigen Kontext wäre: der Putin wird schon nicht eskalieren, egal, wie sehr wir ihn „squeezen" (brit. Premier am 23.2.'22).
Also bleiben Sie hart!
G. Jankowiak

P.S. Schon seit Beginn der Medienkampagne gegen die SPD-Ostpolitik der 70/80ger Jahre dürfte klar sein, dass es im Moment auch um einen Generalangriff gegen all diese Prinzipien und die SPD als Ganzes geht.

Geparden, Marder, „Panzerhaubitze 2000" , Leoparden, Challenger, Abrahams – Ihre Rolle im: Kampf der verbundenen Waffen

Die Meldungen überschlagen sich. So titelt die WAZ (Westdeutsche Allgemeine Zeitung) am 26.4:

USA gehen von SIEG der Ukraine aus

Die WAZ listet sodann einige der Waffen liefernden NATO-Länder auf.

Das „Handelsblatt" bestätigt: Krauss-Maffei-Wegmann will <u>als Firma</u> 100 der o.g. Panzerhaubitze 2000 liefern. Mit dieser „Bereitschaft" Profit zu machen setzt die Firma die Bundesregierung natürlich unter Druck. Der Aktienkurs steht im Internet!!!

Das Fernsehen meldet:

- Bundesregierung liefert „Gepard".

- Agnieszka Brugger (Grüne) im Interview in „Welt" auf NTV: Man darf sich von den (auch atomaren!!!!) Drohungen aus Moskau nicht von der Lieferung schwerer Waffen abhalten lassen. Frage: Wovor sollen Atomwaffen denn abschrecken, wenn sie nicht abschrecken dürfen??? Logik von Frau Brugger??

- Vor einer Woche ca. schon: Polen liefert 100 T 72 Kampfpanzer (wohl im „Ringtausch")

Meine Einschätzung der Gesamt-Entwicklung:

Schon vor ca. 1 Monat hatte ich für Freunde und später in meinem Blog hier den Zusammenhang von Defensiv- und Offensiv-Waffen erklärt – ich meine, schön einfach erklärt. Quintessenz damals war: bei einigen Waffen hängt deren Charakter stark vom Zusammenhang ihrer Verwendung mit anderen Waffen ab. Deshalb jetzt nochmals anhand zweier Waffen erklärt:

„Panzerhaubitze 2000"

Die Panzerhaubitze ist ein überschweres mobiles Geschütz; im o.g. WAZ Artikel werden als Lieferanten von solchen Dingern an Ukraine genannt: USA 90 Stück, Frankreich (keine Angabe im WAZ-Artikel), Estland (9 Stück), Niederlande (keine Angabe); Kanada „Artilleriegeschütze" (Tautologie!!!) vom Typ M 777. Die von USA, Frankreich, und die zu liefernde aus Deutschland haben Kaliber 155 mm!!! Super-schwer. Ich wette, dass die aus Kanada und Niederlanden auch dieses Kaliber haben. Es ist das Standard Nato-Kaliber.

Allein schon die von USA, Estland und die aus Deutschland wären 200 Ungeheuer dieses Typs. Wie viel ist das militärisch???

Ein Panzerartilleriebataillon ist der Verband, der in einer Brigade für die weitreichende Artillerieverwendung zuständig ist. Lt. Wikipedia besteht ein solches Bataillon aus 24 Geschützen (3 Kompanien zu je zwei Zügen à 4 Geschütze). Also:

1 Infanterie-Brigade (ca. 5000 Mann) = dazu gehörig 1 Panzerartilleriebataillon

Ergo:

Allein mit den 200 Ungeheuern aus USA, Estland und Deutschland wären so bis zu 9 Brigaden ausrüstbar. In Wirklichkeit muss man natürlich davon ausgehen, dass Frankreich und Kanada und Niederlande bestimmt zusammen noch mal 100 Ungeheuer liefern, wodurch wir **dann bei 13 Brigaden wären!!!**

Mit solch einer gut ausgerüsteten Streitmacht von mindestens 50 000 Mann macht es Sinn, was die WAZ da meldet:

„USA glauben an Sieg der Ukraine gegen Russland"

Denn: Zusätzlich werden ja neue ukrainische Verbände geschaffen bzw. alte Verbände qualitativ gesteigert.

Flakpanzer „Gepard „

Das ist ein Flugabwehrpanzer, der – laut ntv – selbsttätig Flugobjekte <u>bis zur kleinen Drohne</u> (!) ausmacht und mit Zwillings-Geschütz bekämpft. Er ist ein rein deutsches Erzeugnis.

Eigentlich ja gut, oder? Ist doch defensiv ...

Leider falsch, im Kontext der Überschrift nämlich werden die Geparden, die ja genau so beweglich sind wie die Leoparden und Marder und Panzerhaubitzen, zu deren Begleitung eingesetzt. **So können diese**

Offensivwaffen (also Leos mit Begleitung durch Marder und Panzerhaubitzen) mit <u>weniger Risiko von Gegenangriffen aus der Luft</u> zum Angriff antreten.

Gerade auch Massierungen von Panzerhaubitzen MÜSSEN diese Art von Schutz gegen Luftangriffe haben, da sie massiert ein gutes Ziel darstellen.

Noch mal zum richtigen Verstehen:

Die Flugabwehr-Waffen der Ukraine aus der ersten (schon erfolgreichen) Phase waren zumeist die tragbaren - also nicht sehr mobilen und ungepanzerten - tragbaren Raketen. Diese haben defensiv alles erfüllt, was man sich wünschen kann: die russische Armee kam nicht vorwärts.

Die Geparden sind dagegen gepanzert und mobil – die Super-Begleitwaffe für die anderen schweren Waffen, die dann feindliche Verbände „zerschlagen" und Land in Besitz nehmen können.

FAZIT:

Und jetzt wollen wir doch mal im Sinne von Generaloberst Beck, den ich schon öfter zitiert habe, die Sache zu Ende denken:

Die Führungsriege in Moskau weiß all dies natürlich noch genauer als ich in meinem Ein-Mann-Kampfstand hier. Sie würde militärisch und politisch Selbstmord begehen, wenn sie es hinnähme, dass ihre konventionellen Streitkräfte in der Ukraine entscheidend geschwächt

(„abgenutzt") würden oder sogar die 2014 und 2022 eroberten Gebiete verlöre.

Sie weiß auch, dass der US-Militärminister lt. WAZ (27.4.) „eine massive und langfristige Eindämmungsstrategie Russlands" plant. Dies wäre eine Degradierung eines Landes, das noch vor 30 Jahren Weltmacht war. Dieses Ziel ist sogar noch weitergehender als die Feststellung Obamas, Russland sei nur noch eine „Regionalmacht" – etwas, das Putin sehr gereizt haben soll.

Glaubt jemand im Ernst, dass Russlands Führung ohne massive konventionelle und auch atomare Schläge gegen die Nachschublinien für die besprochenen Waffenlieferungen ------------ einfach so kapitulieren wird?

Fazit für die Friedensführung:

Welchen Einfluss hat die gerade zitierte Ankündigung des US-Militärministers auf Russlands <u>eventuelle</u> Kompromissbereitschaft, falls es noch einmal Waffenstillstand und Friedensverhandlungen geben sollte? KÖNNTE Russland dann überhaupt die Küste und/oder die Krim (oder Teile davon) an Ukraine zurückgeben???? Und andersherum die gleiche Frage: könnte Ukraine auf etwas davon verzichten, wenn es zum Stellvertreter und Polizisten der USA ausgebaut würde??? Da braucht man solch eine Küste und deren Häfen.

Der Weg zu einer längerfristigen Entspannung dieser zwei so eng verwandten Nationen wäre auch für spätere Generationen (nach dem natürlichen Ableben der jetzigen Führungen) verbaut – siehe Elsass-Lothringen zwischen 1870 und 1945.

28.April 2022

Winston S. Churchill – Werden wir alle Selbstmord begehen?

Churchill führte im 2. Weltkrieg Großbritannien zum Sieg über Nazi-Deutschland. Churchill selbst war ein Mensch, der sich am wohlsten fühlte, wenn es Konflikte gab. So soll er sich im 1. Weltkrieg im Graben so richtig wohlgefühlt haben. DIESER Mensch schrieb 1925 unter dem Eindruck des 1. Weltkrieges diese Warnung vor weiterer Entwicklung der Militärtechnik:

„Es ist eine feststehende Tatsache, dass Nationen, die glauben, dass es um ihr Leben geht, nicht von der Nutzung jeglicher Mittel zurückgehalten werden um ihre Existenz zu sichern. Es ist wahrscheinlich – nein, sicher – dass unter den Mitteln, die nächstes Mal zu ihrer Verfügung stehen werden, Mittel einer umfassenden, unbegrenzten Zerstörung sein werden, und vielleicht unkontrollierbar, wenn sie einmal abgefeuert wurden.

Die Menschheit war nie vorher in dieser Position gewesen. Ohne dass sie sich merkbar in ihrer Tugend verbessert hat oder weisere Führung hätte, hat sie zum ersten Mal die Werkzeuge, durch die sie sicher ihre eigene Vernichtung vollenden kann, in ihrer Hand. Das ist (also) der Punkt im menschlichen Schicksal, zu dem all die Ruhmestaten und Mühen der Menschen sie geführt haben.

Sie würden gut daran tun zu pausieren und über ihre neuen Verantwortlichkeiten zu meditieren. Der Tod steht hab acht, gehorsam, abwartend, bereit zu gehorchen, bereit die Völker *en masse* hinwegzufegen; bereit, wenn herbeigerufen, das, was von der Zivilisation übrig ist, zu pulverisieren, ohne Hoffnung auf Reparatur. Er erwartet dies von einem schwachen, verängstigten Wesen, das lange sein Opfer war, und jetzt sein Herr – für eine Gelegenheit aber nur.

Man sollte nicht für einen Moment denken, das die Gefahr einer weiteren Explosion in Europa vorbei ist.

(Es folgt ein Überblick über Gründe des Jahres 1925, aus denen neue Kriege entstehen könnten: die Unzufriedenheit in der Sowjetunion und die in Deutschland mit den Bestimmungen des Versailler Vertrages)

Und es öffnet sich ein Blick auf elektrische Strahlen, die die Motoren von Autos paralysieren können, Flugzeuge vom Himmel holen könnten, und die bemerkbar zerstörerisch für das menschliche Leben gemacht werden könnten . Dann sind da die Explosivstoffe. Haben wir da das Ende erreicht? Hat die Wissenschaft ihre letzte Seite hierüber aufgeschlagen? Könnten da nicht Methoden der Nutzung von Explosivenergie sein, die unvergleichlich intensiver sind als irgendetwas, das bisher entdeckt worden ist? Könnte nicht eine Bombe, die nicht größer als eine Orange ist, erfunden werden, die eine geheime Kraft besitzt, die einen ganzen Block von Gebäuden zerstört – vielmehr: die die Kraft von Tausend Tonnen Cordit konzentriert und eine städtische Siedlung mit einem Streich wegbläst? Könnten nicht Explosivstoffe des existierenden Typs durch Funk oder auf anderen Strahlen in Flugkörpern automatisch, ohne einen menschlichen Piloten, in unaufhörlicher Folge auf eine feindliche Stadt, ein Waffendepot, ein Militärlager oder eine Dockanlage gelenkt werden?

Was Giftgas und chemische Kriegführung in allen ihren Formen betrifft, ist bisher nur das erste Kapitel eines schrecklichen Buches geschrieben worden. (...)

In früheren Zeiten waren überlegene kriegerische Tugenden – physische Stärke, Mut, Kenntnis, Disziplin – nötig um Überlegenheit zu erlangen; und in der harten Evolution der Menschheit entstanden die besten und fittesten Menschentypen. Aber keine solche rettende Garantie existiert heutzutage. Es gibt keinen Grund, warum nicht ein niedrigwertige, degenerierte, unmoralische Rasse einen Feind, der ihr qualitativ überlegen ist, zum niedergeworfenen Subjekt ihrer Willkür oder Tyrannei machen könnte - einfach weil sie zufällig in einem Moment im Besitz einer neuen Tod und Terror bringenden technischen Entwicklung sind und ruchlos in ihrem Gebrauch. (...) Und höhere Tapferkeit und Tugend könnte eine leichte Beute werden für den neuesten teuflischen Trick. (...)

So also ist die Gefahr, mit der die Menschheit sich selbst bedroht. Mittel der Zerstörung, die in ihren Auswirkungen unkalkulierbar sind, umfassend und angstmachend in ihrem Charakter, und ohne Verbindung zu irgendeiner Form von menschlichem Verdienst; der Fortschritt der Wissenschaft, der immer schrecklichere Möglichkeiten eröffnet; und die Feuer des Hasses, der tief brennt in den Herzen einiger der größten Völker der Welt, befeuert von unaufhörlicher Provokation und nicht endender Furcht, und genährt von tiefsten Gefühl von nationaler Gefahr.

Auf der anderen Seite ist die gesegnete Pause der Erschöpfung (die aus dem 1. Weltkrieg resultierende Pause, G.J.), die den Nationen eine letzte Möglichkeit bietet ihr Schicksal zu kontrollieren und das abzuwenden, was sehr wohl ein allgemeiner Untergang sein kann.

Sicher, wenn ein Sinn für Selbsterhaltung noch unter den Menschen existiert, wenn der Wille zu leben nicht nur einfach in Individuen oder Nationen, sondern in der Menschheit als Ganzes noch wirkt, sollte die Vermeidung der äußersten Katastrophe der höchste Gegenstand jeder Bemühung sein.

(Der letzte Abschnitt drückt die Hoffnung aus, dass in einem langen Prozess der Völkerbund – also die

damalige UNO – Abhilfe bringen könnte. In den 30er Jahren konnte der Völkerbund einige Konflikte, so den spanischen Bürgerkrieg, nicht entschärfen, weil viele Länder die Mahnung hier im Text („So ist also die Gefahr …", nicht beherzigten, sondern egoistische Ziele verfolgten)

(aus: W.S. Churchill: Thoughts and Adventures, London 1949 (4. Auflage), Auswahl aus den Seiten 187-191. Der Aufsatz selbst geht von S. 184-191. (Die ungelenke Übersetzung habe ich selbst inmitten der Nachrichten angefertigt, bitte stilistische Schwächen entschuldigen!

Der englische Text oder eine Art Inhaltsangabe findet man im Netz bei der „International Churchill Society")

4. Mai 2022

Ein Interview mit dem Osteuropa-Historiker Jörg Baberowski (veröffentlicht von t-online vom 29.4.'22)

Der Titel des Interviews:

„Irgendwann muss ein Friedensschluss kommen"

Ja, es ist ein gewaltiger Unterschied zwischen dem **Nahziel Waffenstillstand**, ohne den keine ernsthaften **Friedensverhandlungen** geführt und eventuell ein Friedens-**Vertrag** geschlossen werden kann,

und der **Schaffung eines Friedens**, der **mehr ist als die Abwesenheit von Waffen-Gewalt und Hass.**

Zur aktuellen Situation:

Im Kriegsgebiet scheint es für beide Seiten kaum Bewegung zu geben. Das ist erstaunlich

angesichts der riesigen Flanken, die sich beide Seiten darbieten durch den Vormarsch der russischen Armee entlang der Küste

und

dem hier in den Medien behaupteten (und sehr wahrscheinlichen) Bestreben der russischen Führung am 9.Mai einen großen Sieg zu präsentieren.

In diesem Zusammenhang könnte das o.g. Interview wichtige Anstöße geben.

Professor Baberowski ist Jahrgang 1961, (ja, das ist wichtig!) und lehrt an der Humboldt-Universität, Berlin; er forscht besonders zum Stalinismus und zur „Geschichte der Gewalt" (so t-online).

<u>Seine Hauptthesen</u>:

- Putin hat durch den Zustand der Demütigung Russlands nach 1991 eine starke politische und persönliche **Abneigung gegen Machtlosigkeit und Respektlosigkeit i.S. von Demütigungen** (Meiner Meinung nach gilt das auch für die Mehrheit derjenigen, die diese Zeit miterlebt haben).

- Er kreidet dies u.a. auch der „Demokratie" an, da Russland zu der Zeit stark von westlichen Beratern beeinflusst wurde.

- Putin glaubte bis 1999 (und evtl. auch noch 2001 bei der Rede im Bundestag) an eine Zusammenarbeit mit dem Westen.

- Der Umschlag in dieser Haltung kam durch die **Bombardierung Serbiens 1999**, wo Russland – lt. Baberowski – nicht einmal mehr konsultiert wurde, obwohl Serbien ein enger Verbündeter Russlands ist (meine Ergänzung: das mit der engen Verbundenheit war schon 1914 so).

- Putin will seitdem ein Imperium wiedererlangen (Baberowski sagt nicht, ob das zaristische oder das sowjetische). Er hat als Autokrat, der sich seine Berater aussuchte, kein Gefühl dafür, dass die ehemaligen Sowjetrepubliken sich in den dreißig Jahren ihres jetzigen Bestehens eine eigene Identität geschaffen haben.

- Er glaubt an den Erfolg durch Krieg, da er vom „Westen" einen Eindruck der Dekadenz hat: dieser werde einen langen Krieg nicht durchhalten (s. Viktor Orban); Russland dagegen sei genügsam und heroisch.

- Als jemand, der den Krieg als etwas Natürliches ansieht, wird er hohe Verluste und Schäden in Kauf nehmen; Schäden besonders beim Gegner, der dadurch zum abschreckenden Beispiel wird.

- Eventuelle Grausamkeiten der russischen Armee führt Baberowski auch darauf zurück, dass dort heute hauptsächlich die „Verlierer" der Gesellschaft einen Job gefunden hätten *(Hintergrund-Info meinerseits: Russland ist auf dem Weg von einer Wehrpflicht- zu einer Berufsarmee; das Problem der sozial Deklassierten als Angehörige der Mannschaftsgrade kennt ja auch die US-Armee und die britische Armee; vom Phänomen dieser Art hört man jetzt auch von der jetzigen **Berufs-Bundeswehr**).*

- Kanzler Scholz hat Recht mit seiner Zurückhaltung (dies betont Baberowski zwei Mal).

- Angesichts der Gefahr eines sich lang hinziehenden Krieges und der ungewissen Putin-Nachfolge plädiert Baberowski für einen „neutralen Vermittler", der einen **win-win-Frieden** aushandelt (Baberowski erwähnt die drei bekannten Ziele Putins: kein Nato-Beitritt, die Krim und den Donbass oder Teile desselben – das wäre also die russische Position zu Anfang der Arbeit eines solchen Vermittlers, also die der **jetzigen russischen Regierung)**

- Wir dürften die Kontakte nach Russland nicht abreißen lassen, auch nicht zu den jetzigen Emigranten von dort, wenn diese zurückkehren.

Warum habe ich das jetzt so lang wiedergegeben?

Entsteht nicht im ersten Teil des Interviews der Eindruck, die Waffenlieferungen und der immer weiter steigende Druck auf Russland sei gut, weil dessen Führung unbelehrbar und grausam ist???

Nun, einige der dortigen Thesen sind ja diskutierbar, so diejenige, dass Putin an die Gewalt und den Krieg glaubt – mir scheint, dass außerhalb des „alten Europa", und besonders in den USA auch viele an Gewalt und Krieg glauben; die USA z.B. stürzten sich von 1861-1865 in einen durchaus selbst-mörderischen Bürgerkrieg. Und dies anfangs nicht wegen der Sklavenfrage, sondern einfach, weil die Führung in Washington keinen „Separatismus", also eine Spaltung, dulden wollte.

Aber: Baberowski verweist in seinen **letzten Thesen auf die NATUR-Notwendigkeit, dass am Ende von Kriegen IMMER ein Frieden verhandelt werden muss.** Und er verweist auch darauf, dass man in solch einer Situation Ansprechpartner in Moskau brauchen wird.

Und hier jetzt noch ein **absolut notwendiger Hinweis,** der mir bei der Lektüre von Baberowskis Interview kam:

Der „Westen" sollte einer (möglichen neuen) russischen Führung (und Baberowski selbst verweist ja auch auf die jetzigen Emigranten) bessere Bedingungen und bessere Behandlung einräumen als der „ersten" demokratischen Generation Russlands nach 1991!!!!!

Also ---------- auch bei „Sieg":

● Kein Sieg-Frieden (Hier drängt sich fast die Formel der Bolschewiki von 1917/18 auf: („Frieden ohne Annexionen und Kontributionen")

- Keine Überstülpung liberal-westlicher Werte ohne freie Zustimmung der Betroffenen, denn: so eine Transformation müsste ja dann von der neuen „westlichen" Führungsschicht einer weiter „russisch" denkenden Bevölkerung aufgezwungen werden. Solch ein Wertetransfer wird ja auch vielfach in den osteuropäischen Ländern, die jetzt am entschiedensten gegen Russland Front machen, für sich selbst abgelehnt!

- Möglichkeit der wirtschaftlichen Erholung durch (stufenweises) Ende der Sanktionen (mittlerweile sind wir beim 6. Sanktions-„Paket").

Der eigentliche Zweck der ganzen Operation sollte ein durch „gerechte" Bestimmungen für alle akzeptabler Vertrag sein, der möglichst

- wenig Keime für neue Feindseligkeiten legt, sondern eher;

- Keime für das Entstehen gemeinsamer Interessen (sog. „win-win-Situation) sät und

- das rationale Aufarbeiten der bisherigen Feindseligkeiten durch feststehende Einrichtungen ermöglicht – ich denke dabei als Beispiel an die polnisch-deutschen Kommissionen für Schulbücher.

Von den Vorteilen moralischen Handelns -

Überlegungen hierzu anhand eines historisches Beispieles

Beim erneuten Lesen einiger Klassiker zu „Krieg und Frieden" bin ich wieder auf

Wilhelm Muehlon gestoßen.

Muehlon, der 1878 in Karlstadt/Main geboren wurde, studierte Rechts- und Staatswissenschaften und reiste schon im Referendariat oft ins Ausland. Von Sommer 1907 bis Frühjahr 1908 arbeitete er im Auswärtigen Amt des kaiserlichen Deutschland, und wechselte dann zur Essener Stahlfirma Krupp. Schon nach einem Jahr erhielt er dort Prokura, 1911 wurde er stellvertretender Direktor und im Juli 1913 machte der Inhaber, v. Bohlen und Halbach, ihn mit nur 35 Jahren zum Mitglied des Kruppschen Direktoriums: er war kaufmännischer **Chef der Abteilung für Kriegsmaterial.**

Die Erinnerungen Wilhelm Muehlons sind 1989 im Bremer Donat-Verlag herausgegeben worden. Im ersten Teil dieses Buches schildert Muehlon, wie er in der Abteilung für Kriegsmaterial von seinem Vorgänger ein System der Bestechung von Führungspersonen vieler Länder vorfand, Bestechung, um an Rüstungsaufträge zu kommen bzw. die Konkurrenzfirmen auszustechen. Er schreibt, wie das System sich schon selbst ad absurdum geführt hatte, weil die Machenschaften sich im Ausland herumgesprochen hatten und weil z.T. minderwertige Ware verkauft wurde. Muehlon änderte diesen Kurs radikal. Auf eigenen Wunsch schied er im März 1915 aus dem Direktorium Krupps aus.

Eine seiner Schlussfolgerungen lautete:

„Eine Zeitlang geht das (mit dem Bestechungs-System, G.J) ganz gut, einflussreiche Persönlichkeiten an sich zu fesseln, aber Personen und Einflüsse wechseln, man muss neue gewinnen, bevor man die alten schon richtig los ist, es spricht sich ein Gerücht herum, der Neid der Nichtbedachten wächst an, manchmal auch der Hass der noch Ehrlichen, und auf einmal hat man in einem Land eine Situation mit vielen Verpflichtungen und Gegnern. Meine Ansicht war im Wesentlichen, dass der Kruppdirektor sich überhaupt nicht auf eine Bestechung einlassen solle. Es nütze beispielsweise gar nichts, wenn er eine Zeitung kaufe, er habe dann nur die heftigere Gegnerschaft einer anderen, denn diese Leute lebten von ihrer Feindschaft. Kümmere er sich überhaupt nicht um die Gunst einer Zeitung, so habe er doch die einen als Gegner, die anderen als Freunde, also im Ganzen etwas das gleiche Ergebnis, aber ohne Aufwand und ohne eine Erpressung, Enthüllung oder sonstige Unannehmlichkeit befürchten zu müssen. Ähnlich werde er sich mit anderen Bestechungen verhalten.

In so ziemlich allen Ländern könne man davon ausgehen, dass es auch Gegner der Bestechung gebe.

Halte man sich nur an diese besseren Elemente, so stärke man sie beträchtlich, und gleichzeitig erwerbe man selbst eine feste Stellung, die auf die Dauer der Firma zu Gute kommt, auch wenn sie im Einzelfall nicht ganz auf der Höhe sei. Nur müsse man unbedingt und ohne Ausnahme an dem Grundsatz, nicht zu bestechen, festhalten.(...)"

aus: Muehlon, W: Ein Fremder im eigenen Land. Erinnerungen und Tagebuchaufzeichnungen eines Krupp-Direktors 1908-1014, Bremen 1989, S. 71f. (Modernisierte Rechtschreibung.)

Schon aus diesen wenigen Zeilen dürfte sich ein Grundzug des weiteren Denkens Wilhelm Muehlons leicht erkennen lassen: Moralisches Verhalten auch in der Politik mag im Einzelfall zu irgendeinem Verlust führen, zahlt sich aber durch das langfristig gewonnene Vertrauen der Gegenseite, ja, vielleicht sogar die Sympathie der Gegenseite, aus. In diesem Sinne kommentierte er in seinen „Tagebuchaufzeichnungen", die im genannten Buch Anfang August 1914 einsetzen, die Monate Juni bis Mitte November 1914. Er urteilt von diesem Standpunkt aus Fehlentwicklungen im kaiserlichen Deutschland: den „Blankoscheck" an Österreich-Ungarn, den Bruch der belgischen Neutralität, die dann dort verübten Gräuel, die primitive Propaganda, die Versuche Neutrale zu bestechen, den Einfluss des Krieges auf die Wahrnehmung von Ereignissen und – Achtung: aktuell - „fake news",; schließlich die wahnwitzigen Eroberungsphantasien von Politik, Industrie und Presse.

Im Zusammenhang mit diesen Fehlentwicklungen kommt er auch oft auf Entwicklungen im Bereich der Rüstungsindustrien der damals relevanten Länder zu sprechen – als Experte sozusagen. Hier resümiert er an einer Stelle am 1.9.1914 über die private Rüstungsindustrie:

„Sobald der Krieg zu Ende ist, wird hoffentlich die Volksstimmung oder die Regierungsweisheit sich gegen die privaten Kriegsmaterialfabriken wenden. Staatliche Arsenale zur Herstellung von Kriegsmaterial sind nicht das Schlimmste, sie beschränken sich auf das eigene Land. Aber die Unternehmer, die mit allen Mitteln das Ausland zum Ankauf von Waffen verleiten, tragen einen großen Teil der Schuld daran, dass die Welt in Waffen starrt und jedes Land nur mit dem Gewicht der Waffen Geltung zu gewinnen glaubt.

Welcher Fortschritt läge schon darin, wenn der Sieger die Waffenindustrie in allen Ländern aufheben und die Herstellung von Kriegsmaterial, Waffen, Munition, Sprengstoffen ec. (so Muehlon für etc., G.J.) auf staatliche Arsenale beschränken könnte. Wäre den privaten Fabriken das Handwerk gelegt oder ihnen wenigstens der direkte und indirekte Verkauf an ausländische Kundschaft verboten, sodass der scham- und gewissenlose Konkurrenzkampf um die Aufträge des Auslandes wegfiele, so wäre zwar noch nicht dem Wettrüsten der Staaten ein Ende gemacht, aber eine Vereinbarung zwischen den Staaten nicht unwesentlich erleichtert.."

aus: Muehlon, W: Ein Fremder im eigenen Land. Erinnerungen und Tagebuchaufzeichnungen eines Krupp-Direktors 1908-1014, Bremen 1989, S. 179f. (Modernisierte Rechtschreibung.)

P.S. (vom August 2024 aus):

Muehlon sei all denjenigen empfohlen, die heute mit ihren Ansichten zum Ukraine-Krieg kein Gehör finden oder ihretwegen verleumdet werden. Seine Beobachtungen sind klassisch. Schon der Titel des Buches zeigt, wie man sich fühlt, wenn vernünftige Gedanken und Warnungen nicht einmal Antworten finden.

6. Mai 2022

Die Psychologie des Opfergangs- oder: Eine mögliche Antwort an Herfried Münkler

Der Opfergang in Büchern mit Vernichtungs-Phantasien

Der Junge saugte sich mit seinen Augen am vergilbten Papier des schmutzigen Buches fest; aufhören weiter zu saugen und zu lesen konnte er nicht.

Es war wohl so gegen Ende der 60er Jahre des 20. Jahrhunderts, der Junge war vielleicht 12 Jahre alt, das Buch stammte schon damals aus einer anderen Zeit, es waren die „Deutschen Heldensagen".

Der Junge war mit Gunther, Giselher, Hagen und den anderen im Saal König Etzels. Seit Stunden stürmten dessen Krieger, diese schlitzäugigen Kreaturen, Unholden gleich, die es laut Buch in unbegrenzter Zahl gab, auf die wenigen Nibelungen ein. Diese wateten mittlerweile in einem Meer von Blut, dem Blut der vielen Angreifer und ihrem eigenen und dem der „Kameraden". Ja, die letzten der Nibelungen hatten mit angesehen, wie einer nach dem anderen ihres Blutes dahinsank, nachdem, von Tausend Wunden aus der Hand der Etzel-Krieger blutend, die Kameraden ihren Opfergang beendet hatten.

Und immer, wenn einer der Ihren „fiel", brüllten die anderen, selbst schon zu Tode blutend, wild auf und sie schlugen mit noch ein Mal – ein letztes Mal – aufwallender Kraft auf das Menschenfleischgetümmel vor ihnen ein: 'So viele von denen wie möglich mitnehmen …'

Sodann las er über: Cortes und die Azteken

Dem Jungen fiel „Hernan Cortes" in die Hände. Auch dort schlachteten die Herrenmenschen ganze Hekatomben von Steinzeit-Azteken ab, der Junge sah deren von Fett glänzende Haut aufplatzen unter den Eisen-Waffen der Spanier, es quoll aus ihnen heraus …

Ja, diese Geschichten beflügelten diese Seite seiner Phantasie; aber zum letzten „Thrill" fehlte der eigene Opfergang bei diesen Spaniern, sie gewannen ja.

Über die Thermopylen und die 300 Spartiaten las unser Junge in der Deutung von J. Fernau in „Rosen für Apoll".

Auch hier fand er wieder den Opfertod der Wenigen im Angesicht der Vielen.

Ein regelmäßig erscheinendes Gift waren die „Landser"-Hefte. Dort faszinierten ihn besonders diejenigen, in denen ein deutscher Held Unmengen von „Russen" tötete, bevor er - mehrfach verwundet – selbst von diesen getötet wurde.

<u>Der Opfergang in Filmen mit Vernichtungs-Phantasien</u>

Der Junge war schon längst erwachsen, hatte studiert und und sich rational mit Krieg, Gewalt und Tod auseinandergesetzt. Aber die alten Instinkte aus der Kinder-und Jugendzeit schnappten sofort zu, wenn er etwas wahrnahm, was dem Opfergang-Sagenkreis entsprang.

So **„Der Untergang"**, der Film mit Bruno Gans in der Rolle des Hitler. Die Szene, in der die Nazi-Größen Hitler 1945 im Bunker der Reichskanzlei zum Geburtstag gratulieren. Der schmierige Himmler pirscht sich an ihn heran - „Mein Führer" – und er schlägt seinem Führer eine Fühlungnahme mit den WEST-Alliierten vor. Und dann Hitler: „Ich mache keine Politik mehr."

Der einzelne Satz drückte genau auf des Jungen Instinkte: da will einer nicht mehr manövrieren, ausweichen, bedenken - da ist jemand, der eine Lust daran empfindet, alle (irgendwie menschlichen) Bedenken aus-zu-schlagen, der den Untergang will, und zwar seinen und den der Welt um ihn herum.

Noch mal der „Untergang": Hitler träumt in einer anderen Szene vom Erfolg einer letzten Offensive – so wie ja die Nibelungen in einen „letzten" Kampf gingen, geführt von Hagen, der ja weiß, wieso sie alle in dieser Selbstmord-Situation sind. Und Hitler schreit mit krampfhaft sich krümmenden Händen: „Sie sollen ersaufen in ihrem eigenen Bluet!" (Kein Tippfehler, der österreichische Unterton kommt hier voll durch, Bluet statt Blut).

U-Boot Film „Morgenrot"

Das Boot ist schwer beschädigt und liegt auf dem Meeresgrund, kann nicht mehr auftauchen. Jeder weiß, was das normalerweise bedeutet: langsames Ersticken.

Die „Kameraden" sind versammelt, viele verzweifelt, andere völlig passiv. Da beginnt der Kommandant eine Durchhalte-Rede, die gipfelt in: „Zu leben verstehen wir Deutsche vielleicht schlecht, aber sterben können wir jedenfalls fabelhaft."

Reiner kann man den Gedanken des Opfergangs kaum aussprechen:

<u>Quid ad nos – Was soll uns das bedeuten?</u>

1. Rück-sichts-los-igkeit

Zuerst einmal: alle Personen aus den Beispielen waren „rück-sichts-los". Sie opferten die „Feinde" und sich selbst, ohne weiter an Alternativen zu denken oder über die Gründe nach-zu-denken, die zu ihrer jeweiligen

Opfergangs-Situation geführt hatten (gut, die 300 des Leonidas nehme ich hier aus).

In der jetzigen Konflikt-Situation (ja, Konflikt, denn zwischen RU und NATO ist es ja noch kein Krieg) sehe ich auf beiden Seiten eine immer mehr sich steigernde Haltung, Alternativen oder Gedanken an die mögliche eigene Vernichtung „aus dem Wind zu schlagen" und den einmal eingeschlagenen Kurs rück-sichts-los weiterzuverfolgen. Das sich immer mehr steigernde Moment wächst mit jeder Aktion des „Feindes" und der natürlich un-nach-giebigen Haltung des eigenen Lagers.

2. Lust an der eigenen Pose

Die noch kämpfenden Nibelungen wurden im Weiterkämpfen bestärkt durch

- ihre noch kämpfenden Kameraden, und besonders durch:

- die gerade wieder neu „gefallenen" Kameraden.

Bei jedem Tod eines ihrer wenigen noch kämpfenden Mitstreiter wächst die Erbitterung der noch Kämpfenden, und zwar bei jedem in sich selbst, aber auch nach kurzem Blick auf die noch lebenden eigenen Leute. Denen gegenüber kann man nicht anders als opferbereit und „trutzig" weiterzukämpfen. Selbstachtung und Fremdachtung verlangen das.

So erlebt man da im Bundestag beim 100 Milliarden-Beschluss eine Atmosphäre des feierlichen

Schulterschlusses, in der eigentlich niemand mehr den Mut hat sitzen zu bleiben, während sich alle Übrigen in den heute so beliebten „standing ovations" feiern – sich gegenseitig feiern.

Ruhm, wirklicher Ruhm, sollte statt dessen denjenigen gelten, die in solchen Situationen sitzen blieben; 1914 war es Karl Liebknecht. *(Das mit dem „Ruhm" fällt mir ein, weil es gerade jetzt aus dem Raum östlich von uns oft hinübertönt: Slava Ukraini – Slava Rossii - Slava Polski; ich hoffe ich habe die Genitive richtig gebildet).*

Auch bei den vielen NATO-Treffen kommt es medial hauptsächlich darauf an, die „rück-sichts-lose" Geschlossenheit zu demonstrieren; und wenn das bei dem einen Treffen gut geklappt hat, muss man beim nächsten Treffen sich und den anderen durch noch aggressivere Beschlüsse beweisen, dass die „rücksichtslose" Haltung beim letzten Treffen auch wirklich echt war, und dass man angesichts der eskalierenden Provokationen des Feindes rück-sichts-los weiter zusammenhält.

Da erinnert sich dann – wie bei den Nibelungen mit ihrem eigentlich schuldigen Hagen – auch niemand mehr an die Entstehung (Genese!) des ganzen Malheurs.

3. Die <u>teuflische Lust</u> an der eigenen Macht über Viele/Alle

Im Film „Der Untergang" sehe ich bei den Blut-Phantasien Hitlers bei diesem selbst eine gewisse <u>Lust</u>

darüber, dass er solche Opferfeste und Blutrauschorgien verordnen kann. Hierzu passen ja auch seine NERO-Befehle: die Infrastruktur des EIGENEN Landes sei zu zerstören, damit sie „dem Feind" nicht in die Hände falle. Und das eigene Volk, das dann in einem so zerstörten Land nicht mehr über-leben kann??? Hitler meinte, „sein" Volk habe sich als das schwächere erwiesen, es brauche also auch nicht überleben. ---------- Das ist übrigens die Perversion des Opfergang-Gedankens: In den bisherigen Beispielen gingen diejenigen den Opfergang, die sich für die Besseren hielten, während die anderen, die „Feinde" einfach nur zahlreich waren; bei Hitler haben sich nun die früheren Herrenmenschen als nicht so herrisch erwiesen, also können sie unter-gehen. Hitler verlangte ja eigentlich von jedem Einzelnen/jeder Einzelnen sich, auch ohne Waffen, notfalls mit den Zähnen in einen „Feind" zu verbeißen und sich so zu opfern.

Wem fallen da nicht die Worthülsen ein:

- Bis zum letzten Mann

- Bis zum letzten Blutstropfen

Auf alle Fälle halte ich einige der <u>jetzt Führenden</u> fähig, sich an ihrer eigenen Macht zu berauschen. Früher, <u>also</u> **vor Atom**, konnte ein Herrscher das, indem er Paraden abnahm oder der Beschießung einer Stadt oder Stellung „beiwohnte" – eine vergleichsweise geringe <u>Befriedigung</u>, verglichen mit der heutigen Möglichkeit GOTT zu spielen. Ja, GOTT, denn der hat ja im Alten

Testament ganze Städte „vertilgt" und auch die Sintflut losgelassen.

Und heute könnte ein Mensch dasselbe erreichen. Man muss da zwangsläufig an die römischen Triumphzüge denken, bei denen die Römer selbst es ja mit Blick auf die Psychologie des Triumphators für nötig hielten, den Sklaven hinter dem Triumphator diesem immer wieder zuflüstern zu lassen: Memento te mortalem esse – Denk' daran, dass du sterblich bist. (Also kein Gott!!! - Ach ja, wer hat den letzten Triumphzug veranstaltet? USA mit Quadratschädel Norman Schwarzkopf?!!!)

Und wer flüstert das mit der sterblichen Natur dem Präsidenten in Russland zu? Er hat sich doch in den vergangenen 23 Jahren lückenlos mit den eigenen Kreaturen umgeben, die ihm – gerade auch angesichts der „Sanktionen" ihrer Feinde aus der NATO - auf „Gedeih und Verderben" „schicksalsverbunden" sind. Ist nicht von ihm allein es abhängig, dass das russische Volk nicht zu Sklaven des Westens wird??? Muss Putin nicht so denken? *(Sie sehen, ich beherrsche das Vokabular der Opfergangs-Ideologie)*

Lust an der Selbstzerstörung, Lust also an dem perversen Gegenteil des Selbsterhaltungstriebes – die finale Kontraproduktivität.

(Beim Korrekturlesen fällt mir der Artikel von Churchill ein, den ich hier unter dem 28. April veröffentlicht hatte)

Fazit: Eine Friedens-Führung muss mit einkalkulieren, dass es uralte (atavistische) Triebe im Menschen gibt, die dem Leben entgegen stehen. Eine „Lust an der Selbstzerstörung", also das perverse Gegenteil des Selbsterhaltungstriebes – eben die <u>finale</u> Kontraproduktivität.

Früher erstreckte sich diese Kontraproduktivität bis auf ganz wenige Beispiele meist auf eine Gruppe aus einem Stamm oder einer Nation. Man sprach dann zwar vom „Kampf bis zum letzten Mann", gemeint war aber der „letzte Mann" dieser Gruppe. Die Gruppe konnte dann den Überlebenden des Stammes/der Nation als Beispiel dienen für Widerstand. Die Überlebenden, besonders die Kinder, hatten die

C h a n c e   d e s   L e b e n s .

Also die Chance

- aus der Vergangenheit zu lernen,

- sich aus der Knechtschaft zu befreien (die Russen damals aus der der Mongolen, die Polen aus der der Teilungsmächte und später der der Nazis und der Sowjets, die Griechen aus der der Osmanen usw. usw.)

- oder sogar, sich zu assimilieren und (manchmal sogar) den siegreichen Gegner stark zu beeinflussen. (Wie die antiken Griechen die Römer – „Graecia capta ferum victorem cepit et artes intulit agresti Latio" - das eroberte Griechenland eroberte den wilden Sieger und trug die Künste hinein ins bäuerlich-grobe Latium).

Die hier geschilderte Ideologie des Opferganges passte höchstens noch zu Zeiten, in denen Vernichtung punktuell war. Insofern war sie bei manchen der gezeigten Beispiele legitim, also bei den Beispielen, wo Leuten sich verteidigten,.

Aber auch damals schon war sie geeignet in der Folge ganze Generationen von Jugendlichen zu verführen.

Eine weitere Folge dieser Verführbarkeit durch den Anblick von Leuten, die inmitten von Zerstörung sich aufopfern: Die meisten Filme, die sich selbst als „Antikriegsfilme" vermarkten wollen, geraten wegen der oben gezeigten Charakteristika in ihrer Wirkung bei Jugendlichen oft eher zu „Kriegsfilmen"

Eine **Ethik des Atomwaffen-Zeitalters** muss all das neu überdenken, denn hier würden diejenigen, die sich „opfern", den (anderen) Überlebenden ihrer Gruppe kein Weiterleben ermöglichen: die Vernichtung ist nicht mehr punktuell.

8. Mai 2022

Zu einer Falschmeldung der „Tagesschau"

Sehr geehrte Damen und Herren, ich möchte Sie auf eine schlimme Falschmeldung hinweisen. In Ihrer Sendung „Tagesschau" vom 1.5. lassen Sie den Bürgermeister der ukrainischen Stadt Charkiw zu Wort kommen, direkt im Anschluss an Bilder eines dortigen zerstörten Verwaltungsgebäudes (!!!). Der Bürgermeister, Herr Ihor Terechow, berichtet vor dem Verwaltungsgebäude über Raketen auf Wohnhäuser der Stadt. Er fährt dann fort: „Solche Zerstörungen hat Charkiw in seiner langen Geschichte noch nie erlebt."

Bevor ich jetzt weiter schildere, dass genau diese Sequenz die Falschmeldung enthält, lassen Sie mich betonen: Der jetzige russische Präsident hat a) offensiv gelogen, b) sich entscheidend verkalkuliert, c) extreme Drohungen gegen Westeuropa (?)/NATO ausgesprochen.

Trotzdem darf man nicht pauschal jetzt allem Russischen jedwede Bosheit unterstellen. Genau diese Tendenz aber bedient Ihre o.g. Sendung!

Begründung:

Die schlimmsten Zerstörungen Charkows/Charkiws in seiner Geschichte dürften im Krieg Nazi-Deutschlands gegen die Völker der damaligen SU angerichtet worden sein. Immerhin war die Stadt seit ihrer Eroberung durch die Wehrmacht 1941 bis zur endgültigen Rückeroberung durch Truppen der SU drei bzw. vier Schlachten ausgeliefert. Und Sie können davon ausgehen, dass z.B. die SS-Truppen, die für die zweite Eroberung 1943 eingesetzt wurden, keine Rücksicht auf die Architektur der Stadt oder ihre Menschen zeigten.

Falls Sie mir nicht glauben, können Sie das sehr einfach auf jeder Geschichtsseite des Internets überprüfen – ich musste „wikiwand.com" nehmen, da ich vor einiger Zeit mein Exemplar von P. Carrell: Verbrannte Erde, weggeworfen hatte, wo in blutrünstigen Worten diese zweite//dritte Schlacht um Charkow mit E.v.Manstein (eigentlich: Erich v. Lewinski!) als „Helden" erzählt wurde.

Ich wundere mich, dass es der bekanntesten deutschen Nachrichtensendung passierte solch blindes Vertrauen in die Worte eines Funktionärs einer Kriegspartei zu haben. Jeder, der auch nur etwas vom Vernichtungskrieg gegen die Völker der SU gelesen hat, kann sich mit seinem gesunden Menschenverstand ausrechnen, dass Städte, die auf der Route nach STALINGRAD lagen, extremsten Zerstörungen ausgesetzt waren, sogar bis zu absichtlichen Zerstörungen im Rahmen von „Verbrannte-Erde"-Befehlen.

Sie von der „Tagesschau" beteiligen sich durch solche tendenziellen Berichte daran, die deutsche Bevölkerung einseitig gegen Russland einzunehmen und jedwede Unterstützung für die Ukrainie zu legitimieren. **Ich meine: Gerade aus historischer Perspektive müsste Deutschland sich als Vermittler für beide Kriegsparteien anbieten.**

Sie beschädigen das Ansehen des dt. öffentlich-rechtlichen Rundfunks: gesetzt den Fall ein Einwohner Russlands will (und kann!) sich über Ihre Sendung objektiver unterrichten als durch die eigenen Medien – was wird dieser, der genau über die Geschichte unterrichtet ist, nun von Ihrer Sendung denken??? Wird er weiter versuchen Sie einzuschalten?

Kairos – der rechte Augenblick

Ja, für die alten Griechen war das Wort „Kairos" ein feststehender Ausdruck für den genau passenden Moment. Der Gedanke kam mir gestern (am 9.Mai) wieder hoch, als ich den französischen Präsidenten und den deutschen Bundeskanzler in ihrer Pressekonferenz sah, der Pressekonferenz, die sich zum Teil auch mit der Beurteilung der moskauer Feier zu eben diesem 9. Mai beschäftigte. Macron und Schulz äußerten sich also nur Stunden nach der Rede ihres Konkurrenten öffentlich zu dessen Rede!!!

Welch' Hetze in der Reaktion – wohl kaum der **„Kairos"**, oder?

Bei jedweder Friedens-Führung kommt es aber genau wie bei der Krieg-Führung auf **den rechten Augenblick** an.

Dies ist noch wichtiger in angespannten Krisenzeiten: wenn man zu schnell reagieren will, übersieht man vielleicht etwas oder trifft nicht den richtigen, überlegten Ton; wenn man zu lange wartet, könnte die eigene Reaktion beim Konfliktpartner schon auf vollendete Tatsachen treffen. Letzteres allerdings scheint in angespannten Krisen besser zu sein als das vorschnelle Reagieren.

Was bedeutet dieser Befund für die Beurteilung der Pressekonferenz von Macron und Scholz?

Die beiden Spitzenpolitiker reagierten noch am gleichen Tag auf die Rede des russischen Präsidenten bei dessen Feier zum 9. Mai in Moskau. Soviel ich weiß, kann keiner der beiden Konfliktpartner des Russen russisch. Also musste Putins Rede erst einmal für Macron auf Französisch und für Scholz auf Deutsch übersetzt werden. Nach meinen Informationen hat das Büro des russischen Präsidenten noch keine Übersetzung des vollständigen Wortlauts der Rede vom 9. Mai veröffentlicht; nur ein Grußwort vom 8. Mai in Auszügen.

Ich würde zu gern wissen, ob die deutsche und die französische Version das Russische genau in den gleichen Nuancen wiedergab. Zum mindesten in den öffentlich-rechtlichen Medien habe ich da schon Übersetzungsfehler gesehen, die in der Diplomatie ein Kündigungsgrund wären. So im Februar, als Macron zurück aus Moskau, von „la **Russie et le reste de l'Europe**" sprach und als dann im Fernsehen für die breite Öffentlichkeit dabei herauskam: Russland und Europa (also Russland als etwas von Europa getrenntes).

Kaum auszudenken, wenn solch ein Fehler gestern passiert ist!

Denn es geschah in Moskau das Unerwartete: der russische Präsident verzichtete auf eskalierende Worte, er sprach nicht mehr von der „Demilitarisierung"; er gab sogar Verluste seiner Streitkräfte zu, und zwar in einem Ausmaß, das ihn veranlasste, davon öffentlich zu reden! Von Verlusten bei einer „Spezial-Militär-Operation", also eigentlich doch nur einer Wiederholung der Operation von 2014, bei der man ja kaum von Verlusten reden kann!!! (Ich vermute, dass alle denkenden Russen diesen Widerspruch bemerkt und daraus ihre Schlüsse gezogen haben.)

Es berichteten also alle von mir besuchten Sender, Putins Rede sei <u>nicht eskalierend gewesen, wenn auch unnachgiebig</u> in zwei der drei bisher genannten Haupt-Kriegsziele.

Wenn nun die Reaktion des „alten Europas" sich mehr Zeit gelassen hätte …

Scholz und Macron wiederholten in ihrer Pressekonferenz ihre Standpunkte von vor der Rede Putins, nicht in aggressivem Ton, eher sachlich. Macron gelang auch wieder eine Probe seiner Weitsicht, indem er davor warnte, Russland zu demütigen. Aber war der „Kairos" dieser Stellungnahme der beiden Spitzenpolitiker wirklich bedacht, wirklich „zielführend"???

Hätte man nicht wenigstens noch einen Tag länger mit der „Antwort" warten und die Rede Putins ausloten können? Warum in dieser der Verzicht auf die

Erwähnung der „Demilitarisierung", warum das Zugeben von beträchtlichen Verlusten?

Wäre nicht eine „goldene Brücke" denkbar gewesen, etwa derart, dass man in Aussicht gestellt hätte

- ein Moratorium vor dem möglichen 7. Sanktionspaket

- eine Verlangsamung bei der Lieferung dieser oder jener „schweren Waffen" an Ukraine

- ein erneutes Gespräch <u>innerhalb</u> des westlichen Bündnisses mit einer Bilanz des bisherigen Krieges und der Aussichten auf Friedensmöglichkeiten

- oder

- oder

- oder.

Heutige Diplomatie setzt sich selbst zu sehr unter Druck, immer <u>sofort</u> reagieren zu müssen. Diese Beschleunigung sollte schnellstens ent-schleunigt werden.

Beschleunigung ist meist keine Grundlage für weise Lösungen.

Das Folgende nur zum Vergleich, damit man den Stress heutiger Politiker ermessen kann: Reichskanzler Fürst Bismarck <u>entspannte</u> oft die drei Sommermonate auf seinem Landgut Friedrichsruh. Meist ein Mal pro Woche kam ein dickes Paket aus Berlin mit den betreffenden Akten, die der Reichskanzler dann wohl in Ruhe studierte und <u>entspannt</u> beantwortete. Kein Twitter, kein Anruf, keine SMS, keine E-Mails!!!

Etwas davon sollte wir zugunsten einer weisen Friedens-Führung unseren Politikern vorschreiben, damit sie überhaupt die Chance haben zu weisen Gedanken zu kommen.

11. Mai 2022

1866 – keine Demütigung des Besiegten

Gestern dachte ich darüber nach, dass der französische Präsident davor gewarnt hat, Russland zu demütigen. Ich vermute, dass er meinte, man solle es nicht demütigen, wenn sein militärischer Erfolg ausbleibt oder sogar von den Ukrainern in das Gegenteil verkehrt werden könnte, was ja beides für RU gleichbedeutend mit Niederlage wäre – also dem Zwang einen Vertrag in ungünstiger Position verhandeln zu müssen. Ich vermute weiterhin,dass Macron genau weiß, wie voller Hybris in solch einer Situation die Führenden in der Ukraine wären.

In diesem Zusammenhang fiel mir folgende Passage auf, die ich gestern in einer Biographie über v.Bismarck las:

„Wilhelm *(also der preußische König nach seinem Sieg in Königgrätz, G.J.)*wäre gern an der Spitze der Truppen in die alte Kaiserstadt Wien eingeritten und hätte am liebsten den Habsburgerstaat mit Kriegskontributionen und Annexionen ‚in einigem in die Auge springenden Umfange' bestraft. Aber Bismarck wollte keine Strafaktion, sondern eine politische Lösung der Krise: Brechung der Hegemonie Österreichs in Deutschland, zugleich Erhaltung dieses Österreichs als einer europäischen Großmacht, mit der eine Zusammenarbeit früher oder später möglich sein musste. Eine Besetzung Wiens, ohne dazu politisch und militärisch genötigt zu sein, lief auf eine Demütigung der Habsburger mit unabsehbaren Folgen hinaus."

aus: E. Engelbrecht: Bismarck, Urpreuße und Reichsgründer. Berlin 1989 (5), S. 610f.

Ich will mir hier das Experiment erlauben, Personen und Orte auszutauschen, um herauszufinden, ob man aus v.Bismarcks Beispiel etwas für heute lernen kann:

„Selenskyj/Biden wären gern an der Spitze der Truppen in die alte Kaiserstadt Moskau eingefahren und hätte am liebsten den Staat des neuen Zaren mit Kriegskontributionen und Annexionen ‚in einigem in die Auge springenden Umfange' bestraft. Aber Macron wollte keine Strafaktion, sondern eine politische Lösung der Krise: Brechung der Hegemonie Russlands in Osteuropa, zugleich Erhaltung dieses Russlands als einer Großmacht, mit der eine Zusammenarbeit früher oder später möglich sein musste. Eine Besetzung Moskaus, ohne dazu politisch und militärisch genötigt zu sein, lief auf eine Demütigung der Russen mit unabsehbaren Folgen hinaus."

Ich habe hier „Moskau" nur eingesetzt als abstrakte Entsprechung zu „Wien"; ich glaube natürlich nicht im Ernst, dass die beiden Personen am Anfang meines Experiments bis Moskau kommen würden. Außer – natürlich – wenn es nach Clausewitz' Befund erfolgen würde, wenn Russland durch einen Zustand der Schwäche und innere Spaltungen gezeichnet wäre.

(Zum Wortlaut Clausewitz' s. die 18. Auflage „Vom Kriege", Bonn 1973, S. 1024)

Fazit:

Falls sich die Situation so weiter entwickelt wie bisher, sollte man im eigenen Interesse der Lehre des historischen Beispiels folgen.

Denn: Die schonende Behandlung Österreichs (dann: Österreich-Ungarns) machte sich schon 1870 und dann auf dem Wege zu 1914 bündnispolitisch gesehen „bezahlt".

Polemos panton pater ?

Der Krieg (ist) der Vater/Ursprung/Anfangsgrund aller (Dinge)??????

Huch, und so etwas auf einer **Friedensseite**????

Nun, es gibt drei Möglichkeiten, diesen Ausspruch zu „entschärfen" , der von **Heraklit** stammt, welcher sich gern etwas schwierig ausdrückte.

Zum einen geht das Zitat im Original weiter; aber leider scheint mir gerade diese Fortsetzung eher zu dem Sinn zu passen, den man als erstes vermutet: der Krieg ist dasjenige, was alles bewegt.

Zum anderen kann man den Inhalt als Beschreibung eines der Natur innewohnenden Dualismus sehen, ähnlich dem Yin-Yang-Prinzip: wenn nicht alles auf Gegensätzlichkeiten aufgebaut wäre, gäbe es keine Bewegung.

Schließlich kann man es auch im Sinne der Beschreibung eines beschleunigenden Faktors auffassen, und in dieser Richtung möchte ich das Sprichwort hier auch schöpferisch deuten, um damit mehr von unserer jetzigen Situation zu begreifen.

Beschleunigung sehe ich in diesen Fällen:

Da können mal eben so 100 000 000 000 Euro ausgegeben werden, als Extraordinarium, neben dem normalen (ordinären) Haushalt also.

Da beschließt die EU mal eben jetzt wegen Russland ein 300 000 000 000-Euro- Paket für erneuerbare Energien.

Da werden mal eben <u>mitten in einer Krise zwei</u> neue Mitglieder in die NATO aufgenommen, in beschleunigtem Tempo.

Da sollen auf einmal möglichst beschleunigt – prestissimo – neue Staaten in die EU aufgenommen werden.

Da beschließen alle NATO-Staaten - <u>jeder für sich</u> - erhebliche Steigerungen der Militäranstrengungen, obwohl der Gegner dieser NATO-Staaten Schwierigkeiten hat einen kleineren Gegner niederzuringen.

Da gelten plötzlich keine Fristen mehr für Planfeststellungsverfahren oder sonstige Kriterien für Neu-Errichtungen, siehe die Windräder.

Da verspricht die NATO-Führungsmacht der angegriffenen Ukraine mal eben 40 000 000 000 Dollar, also das gut Sechsfache des normalen Militärhaushaltes (des Ordinariums) dieser Ukraine.

All dies und noch viel mehr ist jetzt plötzlich möglich.

Auslöser: der Krieg zwischen Russland und der Ukraine. Unser erstes Ergebnis ist also: der Krieg macht viele

Entwicklungen, die sonst an langwierige Regelungen/Gewohnheiten/Sitten gebunden wären, in sehr schneller Zeit möglich. Und zwar in unserem Falle hier wie auch sehr häufig in der Geschichte, besonders der modernen.

Der Krieg also als **Beschleuniger!**

Das mag noch angehen für die Zeit vor der Atomwaffe, spätestens seit 1945 MUSS die Menschheit sich anders orientieren.

Der Vorschlag dieser Seite „Friedens-Führung" ist deshalb, dass man

der Entstehung von Krisen mit derselben Energie, die hinter einer solchen jetzigen Beschleunigung steht, voraussehend entgegenwirkt.

Also: Im Frieden für bestimmte Krisenvorsorgen, Krisenpräventionen, schon diejenige Energie aufbringen, die der Mensch sonst eben erst dann aufbringt, wenn Krieg „herrscht".

Seltsam: Krieg „herrscht", Frieden „ist".

Warum tritt solche **Beschleunigung** erst im Krieg auf?

Der Mensch hat über Jahrtausende in seinen Instinkt aufgesogen, dass er sich dann besonders anstrengen müsste, wenn er durch andere Menschen gewaltsam bedroht wurde. Dabei entsteht eine ganz besondere **Intensität**, die ihren Ursprung hat in der Bedrohung, die die jeweilige Gruppe bedroht.

Diese jeweils mit Erscheinen des Krieges entstehende besondere **Intensität** ist nicht nur das beliebte Thema der Bellizisten, sondern wurde auch von Pazifisten, so z.b. von Bertha von Suttner beschrieben – von ihr allerdings als ein Faktor, der die Menschen in ihrer Vernunft blendet.

Ich möchte hier gerade denjenigen zitieren, der den **chamäleon-artigen Charakter des Krieges** in einfachen Worten, aber gedankentief beschrieben hat: CLAUSEWITZ.

Er spricht ganz am Anfang des Werkes von drei Wechselwirkungen, die dem Krieg seine **Intensität** verleihen:

a) Der Krieg als „äußerste Anwendung der Gewalt"

„(…) Wir wiederholen also unseren Satz: der Krieg ist ein Akt der Gewalt, und es gibt in der Anwendung derselben keine Grenzen; so gibt **jeder dem anderen** das Gesetz, es entsteht eine **Wechselwirkung**, die <u>**dem Begriff nach**</u> zum **äußersten** führen muß. Dies ist **die erste Wechselwirkung** und **das erste Äußerste**, worauf wir stoßen."

b) Der Krieg als Versuch, den „Feind wehrlos zu machen":

„Nun ist der Krieg nicht das Wirken einer lebendigen Kraft auf eine tote Masse, sondern …

der Stoß zweier lebendiger Kräfte gegeneinander, und was wir von dem letzten Ziel der kriegerischen Handlung gesagt haben, muss von beiden Teilen gedacht werden. Hier ist also wieder **Wechselwirkung**. Solange ich den Gegner nicht niedergeworfen habe, muss ich fürchten, dass er mich niederwirft, ich bin also **nicht mehr Herr meiner**, sondern **er gibt mir das Gesetz**, wie ich es ihm gebe. Dies ist **die zweite Wechselwirkung,** die zum zweiten **Äußersten** führt.

c) Der Krieg als „äußerste Anstrengung der Kräfte"

Clausewitz folgert aus dem Ziel der Niederwerfung des Angreifers eine äußerste Anstrengung beim Gegner nicht niedergeworfen zu werden. Denn wenn man annimmt niedergeworfen werden zu können, unternimmt man selbst die äußersten Anstrengungen um dem Gegner selbst genau diese Niederwerfung zuzufügen. Clausewitz: „Aber dasselbe tut der Gegner; also neue gegenseitige Steigerung, die **in der bloßen Vorstellung** wieder das Bestreben zum Äußersten haben muss. Dies ist **die dritte Wechselwirkung** und **ein drittes Äußerstes**, worauf wir stoßen."

aus: Clausewitz, Carl v: Vom Kriege. Hrsg. W. Hahlweg. Bonn (Dümmler Verlag) 1973 (18), S. 192-195. (Sperrungen aus dem Original übernommen, Fettdruck und Unterstreichung von mir eingefügt)

Wir finden hier also beim Klassiker des Nachdenkens über „KRIEG" drei Mal Faktoren, die Intensität hervorbringen: es entsteht zwischen den Beteiligten eine bis aufs Äußerste gesteigerte gegenseitige Beeinflussung („Wechselwirkung"). Da diese der Natur nach heutzutage fast alle Menschen auf beiden Seiten erfasst (wegen der immanenten Bedrohung), beschleunigen alle ihre Tätigkeiten über das im Frieden gewohnte Maß.

So lässt sich die an sich irrationale **plötzliche Beschleunigung** von Maßnahmen erklären, die bisher anscheinend ewig vor sich hergeschoben worden waren. Nur:

Ein Zeichen für weise Führung, auf der Basis einer rationalen Lagebeurteilung, ist diese Beschleunigung unter Zwang nicht.

Exkurs zu den Clausewitz-Zitaten: Wer sich noch nicht mit Clausewitz' Denkmethode befasst hat, sollte wissen, dass die drei Zitate aus der dualen Betrachtungsweise verstanden werden müssen. Clausewitz analysiert in den drei Zitaten den Krieg nach dem einen Pol der philosophischen Vorstellung (Was ist in einer Sache ihrer Natur nach angelegt?; im Text: „dem Begriff nach", „in der bloßen Vorstellung"). In den darauf folgenden Kapiteln nennt er all die Faktoren, die dieser Tendenz zum Äußersten in der jeweiligen historischen Realität entgegen-wirken). Für das Empfinden der Menschen direkt vor oder in einem Krieg ist aber gerade die philosophisch betrachtete Steigerung der Bedrohung bis zum Äußersten gültig.

Das Fazit für unser Thema der „Friedens-Führung" wäre, dass man die menschlichen Anstrengungen in der **„Führung" des „Friedens" vor Eintreten des Krieges und der Kriegs-Bedrohung** so intensivieren müsste, dass der Kriegs-Führungs-Fall nicht eintritt.

Diese neue Haltung wird durch die Existenz der Atomwaffen mit ihrer Möglichkeit der pankosmischen und pandemischen Zerstörung zu einem Imperativ!

Warum wäre **präventive Beschleunigung** so wichtig???

Hierfür gäbe es ein ganz einfaches Beispiel: Die Klimaveränderungen führen dazu, dass immer mehr menschliche (und tierische) Populationen an ihren angestammten Siedlungsgebieten nicht bleiben können und – sich auf die Suche nach neuen Heimstätten machen müssen.

Da aber im Gegensatz zu vielen Zeiten der Geschichte fast alle Räume auf der Erde schon besetzt sind, entstehen aus den Migrationen Konflikte mit denjenigen, die den knappen Platz mit seinen knappen Ressourcen schon vorher besiedelt haben. Das sind materielle Zwänge, die man dann, wenn sie eingetreten sind, ohne Gewalt kaum noch lösen kann. Auch mit der besten „Friedens-Führung" nicht.

Nein, Friedens-Führung heißt hier:

- Vorbeugung, damit solche Zwänge gar nicht eintreten, oder

- **Einsatz derjenigen Energie für Friedensführung, die sonst für Kriege aufgewendet werden.**

Was hier am Beispiel von Siedlungsgebieten kurz geschildert wurde, gilt natürlich auch beim Kampf um Wasser, und bei allen anderen Faktoren der Klimaveränderung.

Für den konsequenten Einsatz dieser Energie sind finanzielle, wirtschaftliche, humane, technische Ressourcen notwendig, die – ähnlich wie beim Krieg – MOBILISIERT werden müssen. Wenn Krieg oder die Rüstung für diesen Krieg all diese Ressourcen geschmälert oder vernichtet hat, potenzieren sich die – eben nicht bekämpften – Auswirkungen der Klimaveränderung.

P.S. Ich habe bisher neutral „Klimaveränderung" formuliert. Mittlerweile weisen alle Indikatoren auf eine **exponentiell wachsende** Klimakatastrophe hin! Oder, um es mit Clausewitz zu sagen: der Gegner – also die vom Menschen geschaffene Klimakatastrophe – bedroht uns Menschen bis zum Äußersten; darauf müssen wir mit einer Anstrengung unsererseits bis zum Äußersten antworten. Nur, dass es im Kampf gegen die Klimakatastrophe keinen Krieg mit der Natur unsererseits mehr geben darf. Es darf also nicht so weiter gehen, wie es bisher der Fall war. Es muss im Gegenteil der Natur geholfen werden, sich nicht exponentiell steigernd gegen die Menschheit zu wenden.

**Die aktuelle Lage, die Aussichten, das Ziel –
Ansichten eines „Experten"** (ntv, 25.5., 19.06 Uhr
(Internet-Ausgabe)

Gustav Gresser, der Experte, ist nach der Information
des Senders ntv „Senior Policy Fellow beim European
Council on Foreign Relations (ECFR). Er ist Experte für
Russland und Osteuropa, Militärstrategie und
Raketenabwehr". Also wohl jemand, der Zugang zur
aktuellen Diskussion unter westlichen Militärs hat.

Gressel konstatiert eingangs und am Ende des Artikels
Mängel in Russland bei Munition für
„Präzisionsabstandslenkwaffen" und Ausfälle in
kritischem Ausmaß bei Kampfpanzern, Schützenpanzern
und Artillerie. So seien zwar theoretisch 10 000
Kampfpanzer im Besitz der russischen Armee, nur
könnten wir uns wohl vorstellen, wie es wohl um die
stehe, wenn man die deutschen Probleme beim
Reaktivieren von Leopard und Gepard kenne.

Zuerst einmal sieht man da wieder, laut Gressel, eine
Schwäche Russlands: Seine Aufklärung sei schwach,
deswegen kämen Waffenlieferungen aus dem Westen
an. Es habe es aber geschafft die
ukrainischeWaffenindustrie weitgehend zu zerstören, da
für deren Lokalisierung ja der Blick ins Telefonbuch
gereicht habe.

Deshalb käme es jetzt auf die Waffen-Lieferungen aus dem Westen an.

Gressel sieht geringe Bereitschaft in Frankreich und Deutschland, hohe Bereitschaft in Großbritannien und USA. **Die USA bräuchten nach Irak und Afghanistan endlich eine Auseinandersetzung, in der man sich „moralisch wieder aufrichten" könne.** Gressel: „Die USA haben den Irak-Krieg bekanntlich auf der Basis von bewussten Fehlinformationen angefangen." Einzelne in den USA, wie die New York Times, forderten aber schon eine Erklärung des Präsidenten zur „<u>Grenze</u> der Unterstützung der Ukraine"*(Unterstreichung von mir, G.J.).*

Gressel meint, dass die „Zögerlichkeit" des deutschen. Bundeskanzlers durch den Zustand der SPD erklärbar ist, dass diese Zögerlichkeit Deutschland aber bei seinen Verbündeten noch lange Zeit Kritik eintragen würde.

Aussichten abseits von Waffenlieferungen:

Falls sich der Krieg bis in den Herbst hinein hinziehe (und Russland kein strategischer Durchbruch mit Besetzung des Landes gelinge, so meine Ergänzung) könnte die Ukraine im Herbst 700 000 bis 1 000 000 Soldaten unter Waffen haben, die „Mobilmachungsstärke" Russlands betrüge 1 800 000 Soldaten. Diese reiche NICHT für den militärischen Sieg, würde aber wohl in der russischen Innenpolitik erstmals die Unterstützung für den Krieg gefährden, da dann jede Familie wisse, dass ihre Männer dorthin geschickt werden könnten.

Gressel: „Dann kann die Ukraine ihr verlorenes Territorium zwar nicht zurückgewinnen, aber weitere Erfolge könnten sich die Russen nur unter horrenden Verlusten erkaufen. Ob Putin das wirklich macht? Ich weiß es nicht. Einen Weg, der zu einem sicheren Erfolg führt, gibt es **für ihn jedenfalls nicht mehr.**" (Fettdruck von mir hinzugefügt, G.J.)

Abschluss-Statement von Gustav Gressel: „Meiner Ansicht nach wird Putin die Offensive so lange wie möglich fortsetzen, wahrscheinlich bis in den Spätsommer. Dann wird er schauen, ob er den Westen weichklopfen kann - ob er Fürsprecher im Westen gewinnen kann, um die Ukraine in einen sofortigen Waffenstillstand zu zwingen, bevor sie so mobil und schlagkräftig ist, erfolgreiche Gegenoffensiven durchzuführen. Ich kann mir allerdings nicht vorstellen, dass die USA da mitspielen werden, aus den genannten Gründen. Aber so in etwa dürfte das russische Kalkül aussehen."

Ich meine:

Herr Gressel als „Experte" gerät zum Ende in einen Widerspruch: einerseits sei Russland zum richtigen Sieg nicht mehr in der Lage, andererseits solle man die Ukraine mit Waffen füttern – und Gressel sagt nicht mit welchen Waffen in welcher Qualität.

Gressel hatte ja in mehreren Bereichen extreme Schwächen Russlands konstatiert und sieht sogar für die Ukraine die Möglichkeit zukünftig „erfolgreiche

Gegenoffensiven" zu führen, andererseits scheint er insbesondere den deutschen Bundeskanzler zu kritisieren wegen der zögerlichen Waffenlieferungen, obwohl Gressel selbst ein durchaus **egoistisches Interesse der USA** (!!!!siehe oben, G.J.) sieht Russland in einen langen europäischen Krieg zu verwickeln – *natürlich um RU dauerhaft zu schwächen (so meine Ergänzung).*

Ich meine, dass ein vernünftiger Kontinentaleuropäer statt dessen aus dieser Analyse der Lage folgendes Vorgehen ableiten müsste:

Die Politik auf Ebene der Diplomatie müsste RU einen für seine Führung akzeptablen Weg anbieten, einen Weg, der auf der anderen Seite die Ukraine als souveränen Staat erhält. Einen Weg also zwischen den Polaritäten der „unverletzbaren Grenze" und dem des „Selbstbestimmungsrechts der Völker". Henry Kissinger, der diplomatische „Altmeister", hat sich in Davos in der Richtung geäußert *(Süddeutsche Zeitung vom 27.5. mit Kissingers Aufforderung Russland nicht zu demütigen).* Auf alle Fälle müsste eine solche kontinentaleuropäische Position sich unabhängig machen von innenpolitischen Faktoren in den USA, die kriegstreibend wirken.

Die Politik auf Ebene des Militärischen würde die Ukraine in dieser Zeit mit Waffen versorgen, die diese quantitativ und qualitativ instand setzen, Russland **einen Sieg zu verweigern,** nicht aber, selbst den Krieg gewinnen zu können. Welche Waffen hierfür nötig wären, zeigen die bisherigen ukrainischen Abwehr-Erfolge. Den Unterschied zwischen Defensiv- und Offensiv-Waffen habe ich in einem anderen Artikel hier und auf „Frieden-führen.info" beschrieben.

Dies ist nur eine operative Sicht auf den weiteren Kurs IM Krieg; die viel größeren politischen Fragen um den Friedensvertrag und den nachfolgenden Friedenszustand NACH dem Krieg sind hier nicht behandelt.

25. Mai 2022

Die aktuelle Lage, die Aussichten, das Ziel – Ansichten eines <u>weiteren</u> „Experten"

Gerade schlägt mir mein Browser vor, einen Artikel aus der Online-Ausgabe des Magazins „Der Spiegel" zu lesen. Eigentlich bin ich da ja mittlerweile skeptisch, aber die reißerische Überschrift lässt mich dann doch den Artikel öffnen. Er ist von einem Markus Kaim, Mitarbeiter gleich dreier Forschungsinstitutionen, auch international. Der Artikel selbst ist in keiner Weise reißerisch wie die Überschrift – wohltuend!!!

Kaims Hauptthesen sind:

- Deutschland scheint in seinen politischen Kriegszielen zu schwanken (Scholz-Zitat über Russland, das nicht gewinnen, und Ukraine, die nicht verlieren dürfe)

- Diese Unschärfe schlägt durch auf die im Krieg zu wählenden Optionen

- Ein oberstes Kriegsziel muss aber von der Politik festgelegt werde, sonst droht auch innenpolitisch der Verlust an Unterstützung

Drei Bereiche sind besonders unklar:

- Die territoriale Gestaltung zwischen Russland und Ukraine

- Die innere Verfasstheit der Ukraine, insbesondere ihr Verhältnis zu den umstrittenen Gebieten des Donbass *(die Probleme, die in Minsk schon besprochen wurden; Rolle der UNO und der OSZE)*

- Wie soll das Verhältnis der Ukraine zur NATO aussehen? Präs. Selenskyj strebt nach Kaim keine NATO-Mitgliedschaft an!

- Wie soll der Platz Russlands aussehen: „Partner, Rivale, Gegner"?

Deutschland muss einen Spagat schaffen zwischen der Selbstbestimmung der Ukraine über ihre Zukunft und den doch auch noch weitergehenden Interessen Deutschlands

<u>So weit die Thesen des Artikels!</u>

Nun, viel schwieriger dürfte die Gestaltung des **Vertragswerkes damals in Versailles 1919** auch nicht gewesen sein!!!! Das war jetzt ein Scherz, aber dieser soll verdeutlichen, dass ja allein schon die von M. Kaim genannten Punkte oft der Quadratur des Kreises gleichen: wie viele Jahre ist über den Status der ukrainischen Ostgebiete und den der Separatisten in Minsk verhandelt worden???

Dann potenzieren sich diese Schwierigkeiten ja noch durch drei weitere Faktoren:

- Die jeweils aktuelle Kriegslage (momentane gute oder schlechte Frontlage) der Ukraine

- Die jeweils aktuelle Kriegslage (momentane gute oder schlechte Frontlage) Russlands

- Die Verfasstheit der NATO: Natürlich ist es hilfreich, wenn Berlin schon mal eine Antwort auf die von M. Kaim genannten Probleme hätte. Nur bedeutet dies nicht, dass diese schon im Kreis der jetzt 31 Staaten akzeptiert wäre: Was wollen die USA; welche europäischen Länder werden die Position der USA in Europa zur der ihren machen; welche vielleicht noch radikalere Ziele propagieren (baltische Staaten? Polen?)

Es rächt sich jetzt schon, dass die deutsche Regierung in so vielen Punkten bisher den Radikalen nachgegeben hat. Dadurch fehlt schon einiges an Möglichkeiten für einen Kompromiss.

Auch hatten wir hier schon früher kritisiert, dass in keiner Weise der jetzigen russischen Regierung oder einer möglichen neuen Regierung dort signalisiert worden wäre, welche seit dem 24. Februar getroffenen Straf-Maßnahmen in welchen Situationen zurückgenommen werden könnten – etwas, das man früher auch das **Bauen „Goldener Brücken"** genannt hat.

Welch riesige Aufgabe da vor uns steht, zeigt ein Blick auf ein historisches Beispiel: Das Gerangel um Friedenslösungen im Jahr 1917, dem sogenannten „Epochenjahr" mit der russischen Revolution; mit den Friedensnoten der Mittelmächte, der Entente, des Papstes, der Bolschewiki, und der Wilsons; und schließlich mit dem Kriegseintritt der USA. Ich will dazu nur kurze Passagen aus einem Klassiker zitieren, aus Franz Mehrings Artikel „Friedensfragen" vom März 1917:

„Der Mangel positiver Friedensvorschläge (von deutscher Seite, G.J.) hat der Entente den Anlass oder mindestens den Vorwand geboten, das deutsche Friedensangebot abzulehnen, wodurch sie nun ihrerseits in die Notwendigkeit versetzt wurde, ihre Friedensvorschläge zu veröffentlichen, wie es in ihrer Note an Wilson geschehen ist.

Die ausschweifende Natur dieser Friedensvorschläge hat jene lebhafte Entrüstung erweckt, die sich nicht zuletzt in der sozialdemokratischen Mehrheitspresse entladen hat. Diese Entrüstung ist jedoch ein äußerst wohlfeiler Genuss, wenigstens für <u>jeden, der ernsthaft den Frieden</u>

will. Viel notwendiger und nützlicher, wenn auch immerhin schwieriger ist es , sich klarzumachen, weshalb und wieso sich die Entente dermaßen überschlagen hat, und die Schlussfolgerungen zu ziehen, die vernünftigerweise daraus zu ziehen sind. (...)

In der Tat zeigen sie (die Friedensvorschläge der Entente, G.J.) die innere Schwäche des Zehnverbandes, dieselbe Schwäche, die allen kriegerischen Koalitionen anhaftet. Verbünden sich mehrere Mächte für einen Krieg, so beseitigen sie damit in keiner Weise die <u>widerstreitenden Interessen,</u> die zwischen ihnen selbst bestehen, sondern sie <u>stellen diese zunächst nur zurück</u> gegen den gemeinsamen Kriegszweck. Einig sind sie nur darin, den gemeinsamen Gegner niederzukämpfen, und auch darin brauchen sie nicht vollkommen einig zu sein. Schon die Frage, bis zu welchem Grade der Gegner niedergekämpft werden soll, kann zum Bruch einer Koalition führen." *(Es folgt dann das historische Beispiel Friedrichs II. von Preußen, der das Bündnis mit Frankreich gegen Österreich 1741 brach, und mit Österreich einen Separatfrieden schloss.)*
aus: Franz Mehring, Zur Kriegsgeschichte und Militärfrage. Hrsg. Höhle Th. et al.. Berlin (Ost) 1976, S. S. 447f. (Unterstreichung von mir, G.J)

Aus diesen Gedanken und dem Wissen über die tatsächlichen Schwierigkeiten bei dem Aushandeln der späteren Verträge von Versailles, Sèvres und Saint-Germain dürfte jedem klar sein:

Schon während eines Krieges müssen die Friedensverhandlungen und der spätere Friedenszustand bedacht werden.

Für diesen Zweck ist (fast) mehr zu bedenken, es ist mehr Energie und Phantasie aufzuwenden als für die Führung eines Krieges.

2. Juni 2022

Herr Oppositionsführer Merz!

Gerade höre ich auf „aktuelle Stunde", dass Sie in der Generaldebatte des Bundestages einen „Sieg" der Ukraine fordern.

Sie sind ja eine Gefahr für Deutschland und Europa!!!

Selbst der in der o.g. Sendung befragte „Experte" sagte sofort zu Ihren Worten: Wer den Sieg hat, bestimmt die Friedensbedingungen. Also: Sie fordern ein Diktat der Ukraine gegen Russland!!!

Dieser Zusammenhang ist so einfach zu verstehen wie ein anderer Zusammenhang von vor 81 Jahren. Ich nenne diesen hier nur, um ein Beispiel für einen einfach zu verstehenden Zusammenhang anzuführen: Als am 22. Juni 1941 von diesem Land hier der Überfall losging, jubelten die Medien und auch die Mehrheit der „Gebildeten" bald über die „Siege". Einfache Menschen aber sahen oft klarer und kommentierten: Jetzt haben wir den Zweifrontenkrieg.

Ist denn bei Ihnen familiär nicht über diesen ganzen Komplex von ihren Eltern oder Großeltern gesprochen worden? Sie sind doch aus meiner Generation!!! Oder wurde darüber geschwiegen – mit Rücksicht etwa auf anwesende ehemalige „Frontkämpfer" Ihrer Familie??? Oder wurde bei Ihnen die Wehrmacht rückwärts wieder reingewaschen???

Einer von denen, die damals nicht jubelten, Generaloberst Beck, sagte 1935 über „Wunschgedanken" und geistige Disziplin:

„Die Erfassung und Behandlung militärischer Fragen in ihren Zusammenhängen bis zum Urgrund in systematischer Denkarbeit, die Schritt um Schritt [...] das Problem durchdringt, (...) will sorgsam erlernt und geübt sein. Nichts wäre gefährlicher als sprunghaften, nicht zu Ende gedachten Eingebungen, mögen sie sich noch so klug oder genial ausnehmen, nachzugeben oder auf Wunschgedanken, mögen sie noch so heiß gehegt werden, aufzubauen. Wir brauchen Offiziere, die den Weg logischer Schlussfolgerungen in geistiger Selbstzucht systematisch bis zu Ende gehen, deren Charakter und Nerven stark genug sind, das zu tun, was der Verstand diktiert."

SIE folgen Wunschgedanken!!! Und gefährden damit Deutschland und Europa!

Glauben Sie doch nicht, dass Sie über die Friedensbedingungen konsultiert würden, wenn Sie zum Zeitpunkt eines „Sieges" der Ukraine Bundeskanzler wären!!! Diese Bedingungen würde die ukrainische Regierung zusammen mit der in London und Washington festlegen! Und SIE würden genauso abgewatscht wie unser jetziger Bundespräsident, oder öffentlich beleidigt, wie dies der oberste Diplomat der Ukraine in unserem Land so oft praktiziert.

Unsere historische Erfahrung hat Graf Baudissin zusammengefasst – seltsamer Weise in Ähnlichkeit zu Ihren Worten: „Nie wieder Sieg!"

11.Juni 2022

Wahrheitsfindung und die Kenntnis historischer Kerndaten (An M. Slomka und die „heute"-Redaktion geschickt)

Der Anlass

ZDF-heute-journal, 10.6.'22, die erste Minute: Moderatorin Marietta Slom**a** verkündet mit bitterernster Miene:

„Guten Abend. Der gestrige Auftritt von Wladimir Putin hallt nach. Dass er sich mit Zar Peter dem Großen verglich, der einst von Schweden russische Erde zurückgeholt habe (Slomka betont das „zurückgeholt"), das sind Töne, die im Westen Europas verblüffen mögen, im Osten aber nur bestätigen, was man dort schon seit langem sagt, dass die Eroberung der Ukraine Putin bei Weitem nicht genügen würde.

Dort kommen seine Truppen allerdings weiterhin nur langsam voran."

Huh, der Eindruck dieser Worte ist immens, das heißt: unermesslich.

Zu prominenter Zeit und an prominenter Stelle, nämlich DIREKT nach der Begrüßung, verkündet die prominente Moderatorin solch grausame Aussichten. Diese Aussichten hat sie aus einem Statement des russischen Präsidenten abgeleitet. Dort muss er wohl etwas inhaltlich Ähnliches gesagt haben – ich hatte noch keine Zeit, mir das Original zu besorgen.

Slomka suggeriert aber, dass der Zar sich von Schweden etwas „zurückgeholt" habe. Man könnte denken, dass er also kriegerisch in Schweden tätig war. Aktuell, nicht wahr??? Denn das heutige Schweden fühlt sich auch von Russland bedroht und hat die Aufnahme in die NATO beantragt. Also bedroht Putin wie Zar Peter dieses Schweden. Nun, wir wollen die Worte der Moderatorin einer Faktenkontrolle (fact-check) zu unterziehen.

Der Fakten-Check:

1. Der Sachverhalt mit Peter I. und Schweden und „russische Erde" ist gut 300 Jahre alt. Deshalb sollte Frau Slomka oder deren Redaktion schon

mal genauer nachforschen – so was haben die ja sicher nicht präsent.

2. Damals tat „Schweden" eigentlich nichts, umso mehr aber dessen (leicht wahnsinniger) König Karl XII. Der hatte schon in den Jahren davor so alles besiegt, was man im Ostseeraum besiegen kann. Die Feldherren des Westens, die damals gerade im Spanischen Erbfolgekrieg beschäftigt waren, Marlborough und Prinz Eugen, fürchteten schon, dass der umtriebige Karl sich irgendwo bei ihnen einmischen könnte – aus Mangel an kriegerischer Betätigung in seinem Ostgebiet. Deswegen reiste Marlborough 1708 zu Karl, und es gelang ihm, den König zu überreden, sein „Hobby" doch weiter im Osten auszutoben.

3. Karl zog also mit seiner sehr kleinen, aber aus Veteranen bestehende Armee nach Russland. *(Ab jetzt kürze ich ab.)* Karl geriet immer tiefer ins „russische Land", bis nach Poltawa (heute: Ukraine), wo Zar Peter und dessen nach westlichem Muster neu aufgestellte Armee Karls zusammengeschmolzene Haufen durch ihre schiere Zahl erdrückte.

4. Der König floh *(unter Zurücklassung des Rests seiner Armee – Parallelen zu Napoleon 1812 sind nicht zufällig!!!)* zu … dem osmanischen Sultan, der ja zu dieser Zeit die heutigen Länder Ukraine und Moldawien und Rumänien beherrschte.

5. Irgendwann floh Karl dann zurück nach Schweden, wo er erneut … natürlich --- Krieg führte und bei einer Belagerung tödlich getroffen wurde.

So, was habe ich jetzt „bewiesen":

Zar Peter, auf den sich Putin ja laut Slomka bezogen haben soll, **führte** gegen einen bis dahin nur durch Siege bekannten Herrscher aus Schweden **einen Verteidigungskrieg**. Er war also vom „Westen" (aus damaliger russischer Sicht) angegriffen worden. Deshalb verbietet sich zumindestens Frau Slomkas betontes „zurückgeholt", weil der Zar ja tatsächlich dieses Gebiet (und die anderen von Karl eroberten Gebiete, die vorher ihm, dem Zaren <u>gehört</u> hatten) <u>zurückgeholt</u> hatte. Frau Slomkas Methode nennt man <u>Suggestion</u>.

Dieser Krieg kulminierte in einem Gebiet, bei Poltawa, das heute zur Ukraine gehört, damals jedoch– in diesen dynastischen, nicht nationalen Zeiten – lt. Schulatlas Zar Peter gehörte.

Es gehört schon eine Menge an <u>historischer Unkenntnis oder böser Absicht</u> dazu, aus diesen Ereignissen das zu schlussfolgern, was Slomka/heute-journal **suggerieren**: nämlich dass „die Eroberung der Ukraine Putin bei Weitem nicht genügen würde."*(Das wurde dort wörtlich so gesagt, siehe das Zitat eingangs dieses Kapitels).*

Auch zeigt sich in den weiteren Worten eine <u>Unfähigkeit in einfacher Logik</u> - oder die Verachtung des Denkvermögens der Zuschauer: Derselbe Putin, den man hierzulande so gern **dämonisiert**, der in Nachfolge des berühmtesten Zaren noch viel mehr als die Ukraine erobern wollen soll, ja, der kommt in Frau Slomkas nächstem Satz „weiterhin nur langsam voran".

Ich möchte hinzufügen: und er kommt „weiterhin nur langsam voran", wobei er seine Armee weiter schwächt, die ja durch die Fakten bezüglich ihrer Leistungsfähigkeit schon **ent-dämonisiert** worden ist.

Die einfache, gerade Logik wäre gewesen: Peter konnte mit seiner neu aufgebauten Armee nach dem Sieg über Karl XII. an weitere Eroberungen denken --- Putin würde sich allein schon an der Ukraine verschlucken, wenn es ihm denn gelingen sollte dieses riesige Land zu besetzen. Genau das suggeriert Slomka. Ich hatte schon im Dezember auf die erfolgreiche Guerilla-Tradition in der Ukraine verwiesen.

<u>Historisches Kern-Wissen</u>

Und da es Frau Slomka/der heute-Redaktion schon mal an historischem Wissen mangelt (oder sie absichtlich ihre Infos selektieren), sei ihnen hier nachgeholfen: 1610-1612: Truppen des polnischen Königs besetzen Moskau (= Invasion)

1709: Karl XII kommt bis Poltawa (=Invasion)

1812: Napoleon kommt bis Moskau (=Invasion)

1918: kaiserlich-deutsche Truppen erobern die Ukraine

1920: Truppen des neu gegründeten Polen stoßen bis östlich Minsk vor (= Invasion) und besetzen Kiew/Kijiw. Entgegen unserer Erwartung jetzt wollten die damaligen Ukrainer keine Befreiung durch das damals sehr nationalistische Polen Pilsudskis!

1941: die Wehrmacht Nazi-Deutschlands entfesselt den Vernichtungskrieg gegen alle Völker der Sowjetunion (= Invasion).

Für alle, die mich nun einfach für einen „Putinversteher" halten: Solche eine Tabelle könnte man natürlich auch aus ukrainischer oder polnischer Sicht und Geschichte erstellen.

<u>Was sollte man methodisch für eine **Friedens-Führung** aus diesem Beispiel des heute-journals lernen?</u>

Zunächst einmal:

- Keine **suggestiven** Formulierungen, die überraschend und deswegen attraktiv wirken. Tatsächliche Situationen sind meist kompliziert und benötigen eine umständliche Darstellung („umständlich" kommt von „Umstand", man muss also die Umstände eines Ereignisses/einer Entwicklung möglichst vollständig schildern)

- Journalisten sollten eine umfassende Bildung nachweisen müssen, besonders in ihrem gewählten Spezialgebiet, so

Wirtschaftsjournalisten in der Ökonomie und politische Journalisten in der Geschichte, der Sprache und der Politik derjenigen Region, über die sie berichten. Moderatoren sollten so viel Allgemeinwissen haben über das jeweilige Topthema, dass sie bemerken, wo ihnen etwas Selektives vorgelegt wird: So hätte Slomka merken müssen, dass da auf etwas zwischen Russland und Schweden z. Zt. von Zar Peter I. angespielt wurde, was sie so nicht verstehen und deswegen auch nicht präsentieren konnte.

- Menschen, die weite Kreise der Bevölkerung in deren Bild von der Welt beeinflussen, müssten wenigstens befähigt sein zu erkennen, wenn etwas seltsam, unlogisch, lückenhaft, interessengebunden ist. Dies gilt für mich insbesondere für Journalisten des öffentlich-rechtlichen Sektors.

Sie sollten sich bemühen, der **Wahrheit** möglichst nahe zu kommen. Dort, wo das wegen der aktuellen Geschehnisse oder der geschichtlichen Quellenlage schwierig/unmöglich ist, muss dies auffällig (expressis verbis) angegeben werden. Minimalprogramm wäre, dass Journalisten mit einer Art „Takt des Urteils"(Clausewitz) merken, dass etwas falsch, selektiv, suggestiv ist.

EXKURS zum Thema WAHRHEIT und Wahrheitssuche

Denke ich etwa, dass es so etwas wie „**Wahrheit**" gibt?

Ganz viele Autoritäten halten dies für unmöglich, und auch meine Erfahrung weist in diese Richtung. Der Anspruch der „Prawda" (= Wahrheit) ist ja gründlich daneben gegangen.

Aber: Es gibt aus den Erfahrungen anderer Kontinente das Instrument der „Wahrheitskommissionen" nach großen Katastrophen. Deren Erfolge scheinen zum mindesten zu belegen, dass ein gemeinsamer Versuch früherer Konfliktparteien, den Konflikt auf-zu-rollen, uns in einigen Bereichen der Wahrheit näher bringt oder uns lehrt, wo wir bescheiden feststellen müssen, dass es in der jeweiligen historischen Situation meist keine eindeutige Zuordnung der Konfliktparteien nach „100 % schuldig" oder „100% unschuldig" gibt.

Ich hatte als Erfahrungsschatz die Wahrheitskommissionen aus anderen Weltteilen genannt. Ich möchte anhand zweier Ereignisse aus der unmittelbaren deutschen Geschichte illustrieren, was ich meine:

1965 veröffentlichten die polnischen Bischöfe ein Versöhnungsangebot an ihre deutschen Kollegen. Dies war eine ausgestreckte Hand von derjenigen Seite, die eigentlich Grund genug gehabt hätte, keinen Schritt auf die (deutschen) Täter zuzugehen.

In Folge der Ostverträge gab es deutsch-polnische Schulbuchkommissionen. Hier konnten für die Bildung der kommenden Generationen die schlimmsten Einseitigkeiten auf beiden Seiten abgebaut werden. –

Übrigens gab es diese Kommissionen während der Blockzugehörigkeit beider Länder, also während die Blöcke sich **militärisch und ideologisch** schärfstens gegenüberstanden

Der Wert der „Wahrheit"

Man stelle sich vor, was die Ausstrahlung dieses Abschnittes des „heute-journals" im russischen Fernsehen für die Propagandisten Moskaus für ein gefundenes Fressen wäre: Sie könnten wieder darauf hinweisen

- dass der Westen Fakten verdrehe;

- dass der Westen die historischen Erfahrungen Russlands verschweigt.

Insofern ist es im eigenen Interesse, dass man nachweisen kann, dass man sich der „Wahrheit" so weit wie möglich genähert hat oder wenigstens glaubhaft nachweisen kann, sich gewissenhaft darum bemüht zu haben.

Nachtrag zum Journalismus:

Wenn Frau Slomka/die heute-journal-Redaktion einen umfassenden historischen Blick hätten, hätten sie gerade zum 10.6. die Großdemonstration vor 40 Jahren erwähnt. Und nochmals zum „umfassenden historischen Blick": Ich möchte fast wetten, dass die Genannten am kommenden 22.6. NICHT den Überfall Nazi-Deutschlands und den folgenden Vernichtungskrieg und dessen Folgen für die heutigen Kontrahenten Ukraine und Russland thematisieren werden. Warum? Vielleicht, weil der 22.6. in ihrer Bildung gar kein Kerndatum darstellt!!! (Die andere Bedeutung des 22.6., die des Jahres 1944, verlange ich ja schon gar nicht mehr.)